KAWADE
夢文庫

日本人のための
台湾現代史

国際時事アナリスツ[編]

河出書房新社

「台湾人」という意識はいつ、どのように生まれたか――まえがき

現在、世界で次なる大戦争があるとすれば、それは台湾海峡ではないかといわれる。中国軍が台湾に侵攻してくるなら、アメリカが対応の判断を迫られるだけでなく、日本もまた大きな決断をしなくてはならなくなるだろう。

中国がことさら「ひとつの中国」を強調するのは、地政学的にいえば、台湾を海洋進出の橋頭堡《きょうとうほ》にしたいからだろう。台湾を従えるなら、日本列島も恫喝《どうかつ》できる。

ただ、べつの見方をするなら、中国は異質になってしまった台湾をゆるせないのだ。現在、台湾は民主主義体制になり、住人は「台湾人」になろうとしている。一方、中国は民主主義を否定し、漢族が世界の中心をなすとする中華思想の国家となっている。だが、じつは、もともと中国と台湾は兄弟のような国だったのである。

毛沢東《もうたくとう》による「中華人民共和国」と、蔣介石《しょうかいせき》が率いてきた「中華民国」（＝台湾）の根源をたどるなら、ともにソ連をルーツとする、中国人による一党独裁国家であった。中国共産党はソ連の支援によって結成され、ソ連の援助を受けながら、中国大陸の覇者《はしゃ》となった。蔣介石の国民党もソ連の援助を受けてきたし、蔣介石はソ連

を視察もしている。蔣介石の子・蔣経国《しょうけいこく》ともなると、ソ連に10年以上も留学し、ソ連仕込みの統治を台湾に移植しているのだ。

中華人民共和国も中華民国も、ともに国家の上に党があった。これはソ連を見本としたものである。ともに監視国家であり、民主主義を徹底して弾圧してきた。共産主義か反共産主義かの違いはあるが、独裁色が強い強権体質という点で両者はよく似た国家だったのだ。だから、毛沢東の中国と蔣介石の台湾は対立しながらも、どこかで通じるところがあった。体質のよく似た両国は、どこかで統一するなら、ピタリと合ったのだ。

けれども、1980年代、蔣経国が台湾の実権を握っている時代から、台湾にはかすかな変化が起こりはじめる。蔣経国自身が自らを「台湾人」ではないかと思うようになり、監視国家体制を緩《ゆる》めていったのだ。一党独裁国家にはあってはならないはずの野党・民進党の存在も渋々認めていた。

蔣経国の死後、李登輝《りとうき》が総統となると、台湾は中国とはまったくべつの道を歩みはじめる。李登輝の時代、台湾の民主化は進み、総統の直接選挙までがおこなわれるようになった。一方、中国では1980年代に民主化運動が起きたものの、1989年の第2次天安門《てんあんもん》事件で、民主化を叩き潰す。以後、中国では民主化はタブーとなっていった。中国は一党独裁を堅持し、台湾は一党独裁を捨てた。

21世紀になると、台湾は、中国からさらに遠ざかっていく。台湾では民進党の陳《ちん》水扁《すいへん》が総統に当選するという政権交代が起きていた。馬英九《ばえいきゅう》、蔡英文《さいえいぶん》総統の時代を経《へ》て、民主化された台湾の住人は、自らを「中国人」と思わなくなっていった。もともと台湾の国民党政府は、大陸からやってきた中国人が中枢《ちゅうすう》を独占していた。が、彼らの子孫となると長く台湾に暮らすうちに、「台湾化」し、自らを「台湾人」と思うようになっていた。台湾人であるからには、「中華」は必要ない。

一方、中国はというと、習近平《しゅうきんぺい》主席は「中国の夢」「中華民族の復興」を唱え、強烈に中国、中華、漢族を意識し、住人にも強制しはじめていた。中国は民主主義のない「漢族中心の国」になり、台湾は民主主義の「台湾人の国」になってしまっていた。それは、中国からすれば台湾のひどい裏切りにも映る。離反していく台湾をゆるせず、元に戻したい。そのため、武力による侵攻も辞さなくなっているのだ。

この本では、台湾が台湾人の国となるまでの台湾現代史をコンパクトにまとめた。台湾現代史を知ることは、中国を知り、日本が置かれた立場を知ることでもあり、日本が東アジアでいかに強く生き残るかを考えさせるものでもある。

国際時事アナリスツ

日本人のための台湾現代史　目次

前史　台湾はいつから地政学的要衝になったのか

日本統治時代まで

1章 台湾＝中華民国は独裁国家として出発した

1945年～50年頃

2章 恐怖政治のもとで驚異の経済成長を実現 1950〜60年代

3章 国連から追放されたのち民主化はいかに始動したか 1970〜80年代

4章　一党独裁からの脱却を成功させた李登輝　1990年代

5章 巨大化する中国に対峙する台湾の苦悩 2000〜2015年

6章 中国の台湾侵攻はあるか、そのとき日米はどう動く？

2016年〜現在

カバー写真：ロイター／アフロ
協力：内藤博文
地図版作成：新井トレス研究所

台湾と金門島

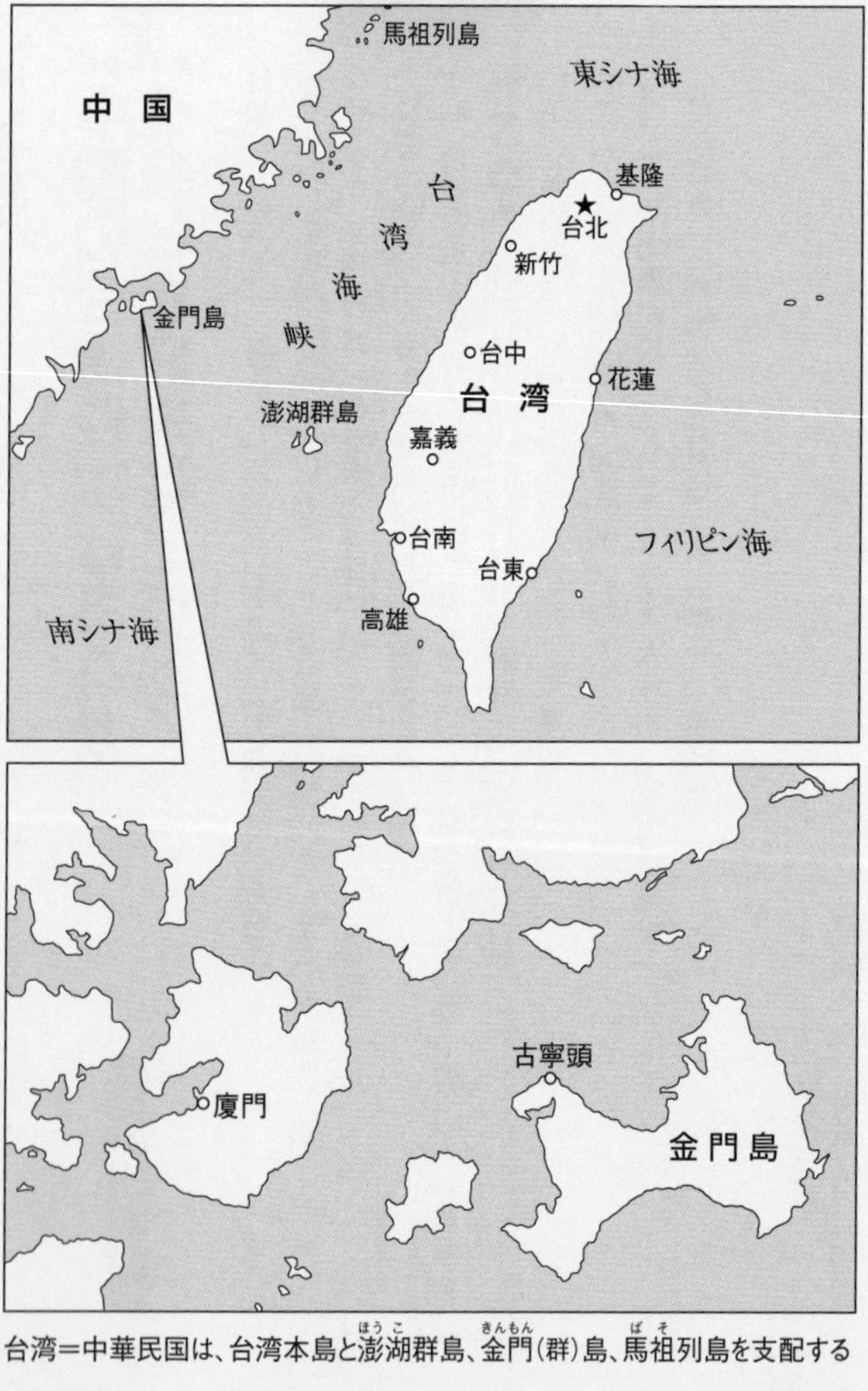

台湾＝中華民国は、台湾本島と澎湖《ほうこ》群島、金門《きんもん》（群）島、馬祖《ばそ》列島を支配する

前史

台湾はいつから地政学的要衝になったのか

日本統治時代まで

先住民

なぜ、台湾には多くの部族があるのか？

現代台湾の歴史は、「中国人による一党独裁国家」が「台湾人による民主国家」に変貌《へんぼう》を遂《と》げる歴史といっていい。1945年、大陸からやってきた中国人の国民党による統治がはじまったとき、台湾の住人はじつは自分が何人《なにじん》であるかを知らない。その後、独裁から民主に変わる時代に、初めて「台湾人」意識は生まれる。

じつのところ、そこに行き着くまでには長い前史があった。前史が、中国大陸とは違う台湾らしさの根底にある。まずは、その前史を簡単に紹介しておきたい。

台湾の特徴のひとつは、多くの民族が共存し、融和しようとしているところだ。台湾には、おもに原住民族、ホーロー人（福佬人《ふくりようじん》、河洛人《ほうろうじん》）、客家《ハッカ》、外省人《がいしようじん》（中華人民共和国成立後、中国から渡ってきた人々）の4つのエスニックグループがある。ホーロー人、客家、外省人は近世以降、中国大陸から台湾に移住した人たちで、原住民族は、それよりもずっと早い時期に台湾に渡り、住み着いた者たちだ。

台湾の住人がいかに多様な血を継承しているかは、歴代総統を見ればわかる。李《り》登輝《とうき》、陳水扁《ちんすいへん》は客家系の血をひく。現在の総統である蔡英文《さいえいぶん》の場合、客家系の父、ホーロー人系の母をもち、祖母は原住民族のひとつパイワン族の流れを汲《く》むのだ。馬英九《ばえいきゅう》は、香港生まれの外省人だ。

近世以降、原住民族は差別され、生存領域を狭《せば》めていったが、現在の台湾では彼らは尊重される存在になっている。台湾では「先住民」を「原住民族」と呼び、政府が認定している部族は16にもなる。よく知られているのは、アミ族、パイワン族、タイヤル族、ブヌン族、タロコ族、セデック族などだ。ほかにも認定を申請している部族がいくつかある。

台湾の原住民族は、それぞれ異なる言語、生活習慣をもっている。彼らがどこからきたかというと、大洋州や東南アジアからだと類推されている。多くがオーストロネシア系の言語を話しているところから、オーストロネシア系諸族と考えられている。彼らは、海流に乗って、台湾まで渡ってきた。

現在、台湾先住民は台湾の西部におもに居住しているが、かつては台湾全島に居住していた。彼ら原住民族は他の部族とはほとんど交わることなく、お互いが台湾内で棲み分けをしていた。彼らは、簡単な農耕、採集、漁労で生活し、文字をもたなかった。

彼らは、長く時間が止まったような時代を過ごしていたと思われる。というのも、

17世紀まで、台湾にもっとも近い大陸、つまり中国大陸からの移民もほとんどなかったし、歴代中国王朝が台湾征服に乗り出すこともほとんどなかったからだ。

ユーラシア大陸から台湾への攻撃を仕掛けたのは、隋《ずい》帝国の煬帝《ようだい》とモンゴル帝国のフビライくらいである。いずれの攻撃も、さしたる成果はなく、台湾に拠点をつくることさえできなかった。長く中国大陸から台湾への移住や攻勢がなかったのは、台湾がマラリアをはじめとする悪疫流行の地でもあったからだ。

原住民族の文化について記された記録がある。7世紀に成立した『隋書《ずいしょ》』には、煬帝の命令を受けた朱寛《しゅかん》という者が台湾から麻の鎧《よろい》を宮廷に持ち帰った記述がある。このとき、隋の宮廷には倭国《わこく》の使者があった。おそらく小野妹子《おののいもこ》であろう。彼は麻の鎧を見て、「これは夷邪久国《いやくこく》のものだ」といっている。つまり、現在の鹿児島県屋久島《やくしま》にあった戦士たちの鎧と同じであり、台湾と九州南部の文化の共通性を示唆《しさ》している。

中世、台湾が倭寇の拠点となった理由

地政学的な地位

オーストロネシア系の原住民族以外、ほとんど住み着く者のいなかった台湾だが、

15世紀前後から様相を変える。**東アジアが海洋時代を迎えはじめ、台湾の地政学的な地位が急速に高まりはじめた**からだ。

その典型を、倭寇《わこう》に見ることができる。倭寇は、もともと日本の九州を拠点とした海賊であるが、16世紀に登場した後期倭寇になると、中国大陸の住人やポルトガル人も加わった。後期倭寇は明《みん》帝国時代の中国大陸沿岸部を荒らしつづけ、このとき倭寇が拠点のひとつとしたのが台湾である。倭寇が中国大陸の南岸を襲撃するとき、九州よりも台湾のほうがずっと近かったからだ。

当初、倭寇が根拠地としたのは、台湾島の西に浮かぶ澎湖《ほうこ》群島であった。これに対して、明帝国側は澎湖群島の占領に乗り出し、倭寇を澎湖群島から追い払った。以後、倭寇は台湾島を根拠地とし、明は澎湖群島で倭寇と対峙《たいじ》したのである。明帝国側も、台湾そのものの制圧までは考えることができなかった。

この倭寇時代以後、台湾は海洋勢力の拠点として注目されるようになる。

なぜ、17世紀に台湾の「中国化」がはじまったのか？

オランダの南部支配

倭寇につづいて、台湾の拠点化を狙ったのは、ヨーロッパからやってきたスペインとオランダ、ポルトガルなどである。最初に台湾にまで到達したのはポルトガル船であり、彼らは台湾島を「フォルモサ（美麗島）」と呼んだ。以来、ヨーロッパでは台湾を「フォルモサ」の名で呼ぶこともある。

スペイン、オランダ、ポルトガルが狙っていたのは、東アジアでの交易である。彼らは中国大陸や日本との交易を目指し、その中継地点として、澎湖群島や台湾に着眼したのだ。

なかでも、もっとも熱心だったのは、日本の徳川幕府に食い込んでいたオランダである。オランダは当初、澎湖群島に根拠地を築こうとしたが、明帝国はこれをゆるさず、やむなく台湾を選んだ。1624年、オランダは台湾南部にゼーランディア城を築き、台湾南部を侵食しはじめた。これに対抗するかのように、スペインは台湾北部の鶏籠《チーロン》（のちの基隆《キールン》）に根拠地を築いている。

オランダ対スペインの台湾侵食競争は、オランダの勝利に終わる。鎖国に向かう日本から締め出されたスペインは、東アジアへの興味を失い、撤退していった。一方、オランダは長崎の出島における交易を確保した。南方のバタヴィアと日本の中継地として台湾は重要であり、オランダは台湾南部の拠点域を広げていく。

当時、明帝国はオランダによる台湾進出を黙認している。この時代にはまだ、中国大陸の住人には台湾を自国領と見なす意識がなかった証左《しょうさ》だろう。

オランダが台湾南部に支配域を拡大していったとき、オランダ人だけでは人手が足りない。そこで、オランダは中国大陸にいる漢族を数多く台湾に呼び寄せ、米作をおこなわせはじめた。それまで台湾は原住民族の土地であったのだが、**オランダによる漢族移民によって、台湾には初めて漢族の社会ができたといっていい**。オランダが台湾に進出した17世紀は、台湾の「中国化」がはじまった時代といえるのだ。

台湾は、いかにして清帝国の強敵となったか？

鄭成功

17世紀後半、オランダに代わって台湾南部の支配者になるのは、鄭成功《ていせいこう》である。鄭成功の父は倭寇の頭目である中国人・鄭芝龍《しりゅう》、母は日本の平戸《ひらど》の女性である。

鄭成功が台湾に着目したのは、中国大陸を制覇した満洲族の清《しん》帝国に対抗する拠点としてである。1644年、明帝国が瓦解《がかい》したのち、北京《ペキン》に入城したのは、満《まん》洲《しゅう》に勃興《ぼっこう》していた清帝国の皇帝であった。以後、清帝国は漢族の居住する中国大陸を征服する。明の残党は明の復興を目指し、鄭芝龍・成功父子は彼らに協力した。

鄭成功が拠点としたのは、当初、中国大陸の廈門《アモイ》とその沖合にある金門島《きんもんとう》である。

台湾のオランダ支配を
終わらせた鄭成功

金門島は現在、中華民国（台湾）の領土になっているように、中国大陸沿岸で海洋勢力の拠点となりやすい島だ。

このの ち1661年、鄭成功は新たな拠点を台湾に求めた。鄭成功はオランダのゼーランディア城を包囲、1年の包城を経て、オランダ人たちを撤退させている。これに**より台湾のオランダ時代はおよそ40年で終わり、鄭成功一族は台湾東南部の新たなる統治者となった。**

鄭一族の台湾拠点化は、台湾の「中国化」をさらに進める。清の支配を嫌って大陸から台湾に渡る漢族が増え、台湾での漢族による開墾地《かいこんち》は拡大していった。

渡航の制限

清はなぜ、家族ぐるみの台湾移住を禁じたのか？

台湾における鄭一族時代は、およそ20年余で終わる。鄭一族が、清帝国の前に降《くだ》ってしまったのだ。17世紀後半、清帝国は康熙帝《こうきてい》のもとで国力を充実させたのに比べ、鄭一族では内紛がつづいた。**1683年、澎湖群島での海戦で清が勝利を収めたあと、鄭一族は降伏に向かうことになった**のだ。

新たに台湾を獲得した清帝国だが、その台湾経営は消極的なものであった。満洲族の皇帝たちは、もともと大陸内部で暮らしているため、海の向こうの台湾までを統治する意志がさしてなかった。台湾を確保したのも、敵対的な勢力に渡さないためだ。清がもっとも恐れたのは、台湾に「第二の鄭成功」が出てくることであり、清は台湾の無害弱体化を図《はか》った。

その典型が、「台湾渡航禁令」という大陸から台湾への渡航制限である。渡航禁令では、台湾への渡航は許可制であり、家族ぐるみの渡航を禁じていた。ゆるされたのは男のみの渡航であり、その後の台湾への家族呼び寄せも禁じた。台湾を支配する軍隊にも同様の措置を取り、兵士の家族同伴の台湾勤務を禁じた。兵士の家族は、中国大陸に残らねばならなかった。しかも、兵士の台湾勤務は3年で終了し、大陸へと転換させられた。

清帝国が台湾への渡航に制限をかけたのは、台湾に独立を志向する勢力が生まれないようにするためだ。台湾へ家族ごと移住すれば、やがて強力な一族が育ち、台湾の王となりかねない。清は台湾から第二の鄭成功を登場させないよう、台湾が繁栄しないような仕組みをつくっていたのだ。

ただ、清の台湾への渡航制限は、抜け穴だらけであった。清の時代を通じて、大陸から密航者が後を絶たなかったからだ。中国大陸で食い詰めた者には台湾は一発逆転を狙える地だったし、福建《ふっけん》をはじめとする中国南部は人口過剰にあったから、台湾は過剰民の受け入れ先にもなっていた。

この時代に、福建からホーロー人（福佬人、河洛人）、客家らが台湾に多く移住してきている。

台湾に中国大陸からの漢族人口が増大していくと、彼らによる耕地面積は徐々に拡大していく。それは、台湾西部の平地に住んでいた原住民族を圧迫した。平地にいた原住民族は、漢族と共存するか、あるいは東の丘陵《きゅうりょう》地《ち》、山岳地帯へと移動するかを迫られた。

漢族と共存を選んだ先住民らは、やがて「漢化」「中国化」していく。清帝国はもともと大陸からの移民と先住民の結婚を禁じていたが、現実にはこれは無視され、先住民の女性と漢族の男たちが結婚した。

大陸から渡ってきた漢族の者はほとんど男たちだったから、子孫をつくるには、先住民の女性と結婚するほかなかったのだ。

こうして、台湾には中国人の祖父はいても、中国人の祖母はいないといわれる状況が生まれていったのだ。つまり、清時代を通じて大陸に渡った漢族の子孫の多くには、原住民族の血が混じっているのだ。

19世紀後半、清が台湾経営に力を注ぎはじめた理由

狙われる台湾

17世紀後半に台湾を獲得した清帝国は、台湾を長く弱体化した島として放っておこうとした。けれども19世紀後半、清帝国は一転して台湾の統治に力を入れはじめ、台湾を近代化させようとする。

その背景にあるのは、欧米列強の東アジア進出と開国した日本の海洋戦略だ。清帝国は、台湾を欧米や日本に奪われないために、台湾の充実を急いだのだ。

台湾にとっての「黒船到来」は、1841年のことだ。1840年から清帝国とイギリスの間でアヘン戦争がはじまり、そのさなか、イギリス艦隊が台湾の基隆を襲撃している。

1854年、つづいての「黒船」は、アメリカのペリー提督の艦隊であった。前年の1853年に日本の浦賀沖に現れたアメリカのペリーの艦隊は、1854年に

日米和親条約を結んだのち、台湾に向かった。ペリーの艦隊は、基隆に停泊し、台湾周辺を調査している。

ペリーの台湾報告は、アメリカのみならずヨーロッパでも注目され、以後、台湾はより「狙われる島」となった。

開国した日本は、1871年に台湾において「牡丹社事件《ぼたんしゃ》」を経験している。沖縄の宮古島の船員たち66名が台湾南部に漂着したとき、牡丹社という村のパイワン族に襲撃され、54名が殺害された。日本がこの事件を清に抗議したとき、清からは「化外《けがい》（中華文明の及んでいない地）のため、調査がしにくい」という答えが返ってきて、清は責任を回避しようとした。

「牡丹社事件」の解決は日清間で難航し、**1874年、日本は台湾に出兵し、牡丹社を屈伏させた。**これを機に日清両国間の交渉が成立、清は日本の台湾出兵を国民保護のための「義挙」と認め、遭難被害者には償金も支払うことになった。

つづいての台湾を巡る危機は、1884年からの清仏戦争にはじまる。ベトナムの帰属を巡って清とフランスが争った戦争では、フランス軍は澎湖群島を占領した。そこから先、台湾はフランスの手に落ちる可能性すらあったが、天津《てんしん》条約によって、清がベトナムを諦めたことで、フランスは台湾から手を引いている。

なぜ、日本は台湾を獲得したのか？

下関条約

1895年は、台湾の歴史の転換点となる。1894年にはじまった日清戦争は、日本の勝利となる。**日清戦争は朝鮮半島を巡っての日本と清帝国の争いであったが、その講和となった下関条約で、清は台湾を日本へと割譲《かつじょう》している。**以後、1945年までのおよそ半世紀、日本が台湾の統治者となる。

日本には、早くから台湾獲得の狙いがあったといわれる。19世紀半ばに開国した日本は、欧米列強、さらには中国に屈することのない強力な国家を目指した。このとき、中国王朝に対する備えとして台湾に着眼した。日本列島、沖縄、台湾というラインで中国大陸の強大な力を押し込めようというものだ。

下関条約締結の様子

日本による台湾統治は、ひと言でいえば、強権的に台湾全体を有機的に結合していくことであった。清帝国の統治時代、台湾の統治はあやふやであり、先住民を「化外の民」として、支配できないでいた。日本の台湾統治機関である台湾総督府は、漢族出自の者はもちろん、先住民も統治・管理下に置いた。

台湾総督府は、日本本土と同様、教育を重視した。当初、それは台湾に渡来した日本人のためのものであったが、しだいに台湾の住人にも教育を受ける機会が広がり、中学校以上では「日台共学」が進む。1928年には、台北《たいほく》帝国大学（現在の台湾大学）を設立している。日本統治の終わりに近い1944年には、一般児童の就学率は7割を超えている。

台湾総督府のおこなった教育には日本語教育もあり、台湾内では日本語はひとつの共通語として機能した。原住民族にも日本語教育が施され、異なる原住民族の間では共通言語として日本語が使われるようにもなった。

台湾総督府は、台湾の近代化も推し進めている。そのひとつが、公共衛生の大幅な改善である。それまで台湾では、コレラやペストが猖獗《しょうけつ》していたが、下水道の整備、消毒、予防注射などにより、台湾における死亡率を大きく引き下げている。

ただ、台湾総督府による台湾の有機的な一体化、近代化は、強制と暴力を伴って

日本によって台北市に設置された台湾総督府

いた。そもそも、漢族系住人であれ、原住民族であれ、習俗も文化も異なる日本人に支配されたくない。指図され、生活のありようを変えたくはないのだ。そのため、漢族系住人や先住民は、それぞれ激しく抵抗し、抵抗は暴力を伴った。一方、台湾総督府も、抵抗する者、反乱者らを「土匪《どひ》」と呼び、容赦なく弾圧した。

台湾総督府による弾圧、台湾の一体化は、その後の日本の朝鮮半島統治よりもずっと暴力的で、大きな犠牲者を出している。日本が台湾全体を武力で占領していく過程でも、およそ1万4000名の台湾の住人が殺されている。

1915年には、「西来庵《せいらいあん》事件」（タパニー事件）という蜂起《ほうき》も起きている。それは

「大明慈悲国」という国を建設しようというクーデターでもあり、騒乱は台湾全土に及んでいる。台湾総督府は騒乱を徹底的に弾圧し、866名に死刑判決を出している。その後、恩赦により700名以上は無期刑となったが、95名を死刑執行している。

漢族系の武装蜂起は「西来庵事件」を機に終息していくが、先住民の反乱は1930年の「霧社《むしゃ》事件」となる。日本人の警察官の横暴に腹を据えかねたセデック族が霧社という村で運動会をおこなっていた日本人を襲撃、殺害した事件だ。台湾総督府は日本人が殺された報復に、セデック族を徹底攻撃し、空襲さえもおこなっている。

また、台湾総督府による統治には「法による平等」はあったものの、実際には差別を伴っていた。社会的に日本人が優遇され、同じ仕事をしても、日本人の給料のほうがよかった。これまた、台湾の住人を鬱屈《うっくつ》させるものでもあったのだ。

日本による皇民化運動の影響とは

日本化の失敗

台湾をおよそ半世紀にわたって統治した日本だが、最後のおよそ10年近くは台湾の「日本化」「全体主義化」を進める時代となっている。**台湾では「皇民化《こうみんか》運動」が進められ、日本語教育を強化した。**

１９３７年ごろから、台湾総督府が台湾の「日本化」「全体主義化」を推し進めるようになったのは、日本国内で「全体主義化」が進んでいたからだ。１９３０年代、日本本土では社会主義思想、共産主義思想に影響を受けた軍人が増え、五・一五事件、二・二六事件という政治家暗殺事件を経て、政党政治は融解する。ソ連の計画経済に魅せられた軍人、官僚たちは「国家総力戦体制」の確立を急ぎ、１９３８年には国家総動員法が発布される。さらには、国民精神総動員運動を起こし、天皇の神格化を進め、日本国民を「皇民」とした。その延長線上で、台湾でも「皇民化」が進められたのだ。

ただ、台湾の住人は結局のところ、「日本化」せず、「日本人」にもならなかった。１９４５年に日本が第２次世界大戦に敗れ、台湾から撤退していったからだが、台湾の住人が当時の日本の文化、習俗に魅力を感じなかったからでもあるだろう。台湾の住人は、日本による近代化を受け入れても、日本そのものは受け入れることがなかった。だから、「日本人」になることはなかった。

この時代の台湾の住人たちは、いまだどこの国民でもなかった。「台湾人」として自覚するわけでもなく、「中国人」として生きようとするわけでもない。彼らが自らが何者であるかを自覚するのは、その後の動乱、恐怖、繁栄の時代を経てからのことだ。

1章

台湾＝中華民国は独裁国家として出発した

1945年～50年頃

カイロ会談

国民党はいかにして台湾の支配者になったのか？

1945年8月、第2次世界大戦は日本の敗北で終わる。およそ半世紀にわたって台湾を統治してきた日本人は台湾から去り、**新たに台湾の支配者となったのは、中国大陸にあった国民党政権である。**つまりは、孫文《そんぶん》を祖とする「中華民国」である。台湾には、まずは国民党の兵士や役人が大勢やってきた。

蔣介石《しょうかいせき》率いる国民党＝「中華民国」による台湾統治は、アメリカとイギリスによって決められたといっていい。1943年11月、エジプトのカイロでアメリカのローズヴェルト大統領とイギリスのチャーチル首相が会談し、ここに中国の蔣介石も招かれた。すでに日本、ドイツの敗色は濃厚になっていて、米英の首脳は戦後世界を見据えはじめていた。カイロでの会談においては、日本が奪った満洲や台湾を中国に返還することが取り決められ、カイロ宣言となった。

国民党総統の蔣介石

華麗なる蒋家の一族

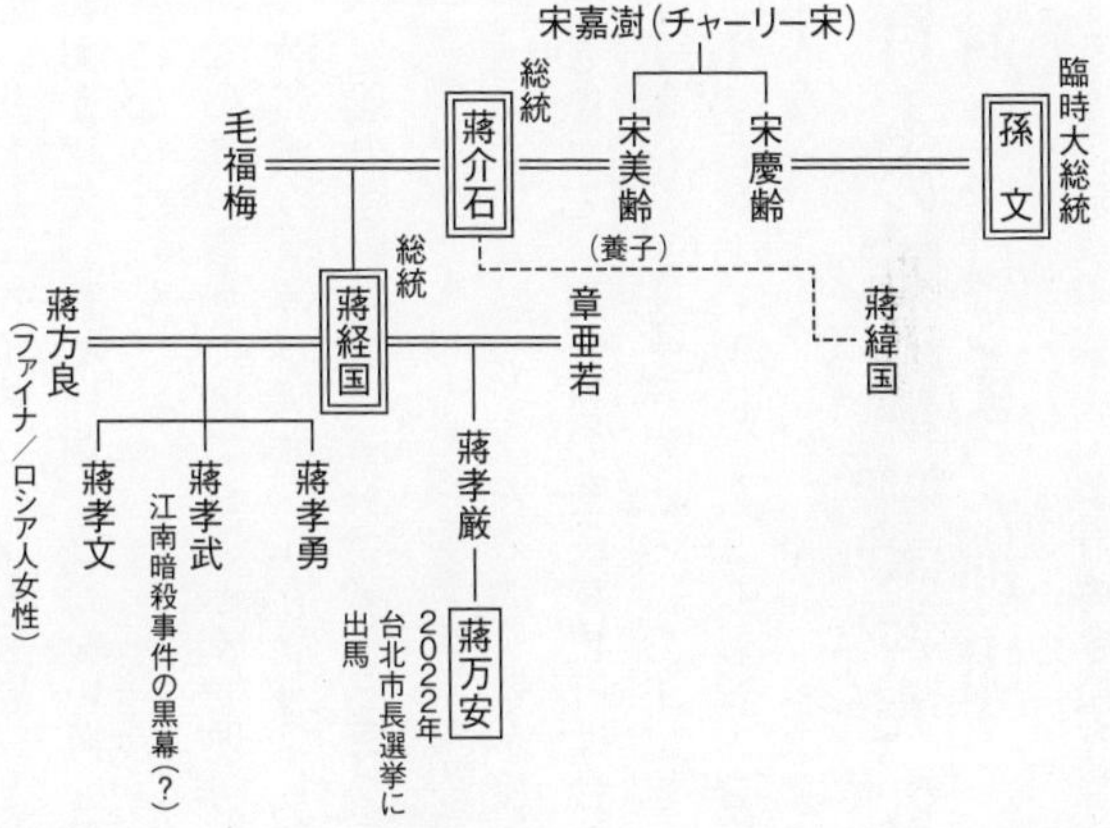

当時、蒋介石の国民党政府も日本軍と戦っていたが、劣勢がつづき、重慶《じゆうけい》にまで追いやられていた。蒋介石の国民党政府単独では日本から台湾を奪うことは不可能であったが、アメリカは台湾を蒋介石の政府に引き渡すとしたのだ。

そこには、蒋介石夫人である宋美齢《そうびれい》の働きかけが大きかったと思われる。じつは、この会談でローズヴェルトとチャーチルは蒋介石に初めて会っている。チャーチルは、日本相手に連敗の蒋介石に冷ややかであった。一方、ローズヴェルトは蒋介石の中国に寛容であった。

じつのところ、宋美齢がアメリカに渡り、ローズヴェルト夫妻に食い込んでいたからだ。彼女はホワイトハウスの客人として扱われ、ローズヴェルトを思いどおりに操るほどになっていた。宋美齢の暗躍のおかげで、日本に歯が立たない蔣介石が、日本の支配していた台湾を領有することになったのだ。

そこには、米英の東アジアへの無理解もある。もともと日本に台湾を割譲《かつじょう》したのは、満洲族の皇帝の統治する清《しん》帝国である。清帝国と中華民国は別物であり、漢族中心主義の強い中華民国が、満洲王朝である清の後継政権とは言い切れない。ならば、アメリカがしばし台湾を統治したのち、独立させるという方法もあっただろう。ただ、アメリカ、イギリスには、そうした東アジアの歴史に興味はない。**宋美齢の策動もあって、蔣介石の国民党政府は台湾を手にした**のだ。

宋美齢は、民主主義思想の持ち主に思われがちだが、実際は権力好きである。こののち台湾においては、大きな影響力を有し、たびたび最高権力者の地位を狙うようにもなる。

日本の撤退後、「本省人」対「外省人」の対立がはじまった理由

新たな対立

1945年、中華民国が台湾を領有したのち、台湾内ですぐにある対立がはじま

国民党や軍の幹部を出迎える台湾人学生（1945年）

った。中国大陸からは台湾統治のために、台湾省行政長官に陳儀《ちんぎ》を任命、国民党の兵士や官吏《かんり》らが送り込まれた。彼らは「外省人《がいしょうじん》」と定義され、それまで台湾にあった者らは「本省（内省）人」と呼ばれるようになった。この本省人と外省人の対立がはじまったのだ。

中華民国に接収されるにあたって、台湾の本省人には、当初、歓迎ムードがあった。原住民族はともかく、本省人の多くは漢族系である。同じ漢族の中華民国に統治されることを、祖国復帰と思う者も多くいた。蔣介石の国民党は、台湾に宣伝部隊を送り込み、いかに国民党軍が卑劣《ひれつ》な日本軍相手に勇敢に戦ったかを喧伝《けんでん》もし、歓迎ムードを醸成《じょうせい》しようとしていた。

1945年10月、国民党の兵士と官吏がアメリカの艦船によって基隆《キールン》まで送られ、台湾入りする。彼らは台北に向けて進軍したが、このときから本省人には大きな失望の念が生まれたという。国民党の兵士らの姿が、あまりに貧相だったからだ。

国民党の兵士には軍靴《ぐんか》を履《は》いていない者が多いばかりか、天秤棒《てんびんぼう》で鍋や釜を担《かつ》いでいた。軍規というものはなく、士気も低かった。規律ある日本兵を見慣れている本省人には、日本軍を打ち破った兵士には見えなかった。歓迎ムードだった本省人は、一転、落胆した。

本省人の落胆は、さらにつづく。台湾にやってきた外省人たちは、日本が残した資産を接収し、私物化したばかりではない。官吏には汚職も多かった。もともと、国民党には腐敗していたところがあり、その腐敗が台湾にも持ち込まれたのだ。

本省人たちが抱くようになった不満、鬱屈《うっくつ》は、新たな支配者である外省人たちの低い意識レベル、腐敗にあった。本省人たちは、日本統治時代を経てまがりなりにも近代に近づいていた。彼らが受けてきた教育レベルは、当時の東アジア世界にあっては高いものであった。衛生観念もあったし、法による支配を体験してきた。けれども、外省人の多くは、いまだ近代以前にあった。衛生観念もなければ、法による支配も知らなかった。それればかりか、私腹を肥やすばかりであった。

一方、外省人は本省人を「色眼鏡」で見ていた。**外省人は、本省人を日本統治によって奴隷化された者と見なしていたのだ。**もともと外省人は、日中戦争下、日本人を敵と見なし、憎み、蔑《さげす》んできた。その侮蔑《ぶべつ》すべき日本に唯々諾々《いいだくだく》と統治された本省人を、日本文化に毒された唾棄《だき》すべき奴隷同然と見なし、まともに向き合おうとはしなかったのだ。

台湾にあって、本省人と外省人は理解しあうことなく、反目しあう。その対立が、1947年の二・二八事件となる。

国民党政権による民衆弾圧が残したものとは

二・二八事件

1947年、台湾では「二・二八事件」と呼ばれる、騒乱と弾圧が起きる。台湾史上最大の悲劇とされる二・二八事件は、本省人と外省人の対立のすえに起きた暴動であり、弾圧であった。

1945年、台湾が中華民国に接収されてのち、本省人は不満を溜《た》め込んできた。すでに述べたように外省人たちの横暴、腐敗を憎んだだけではない。第2次世界大戦ののち、中国大陸では蔣介石の国民党と毛沢東《もうたくとう》率いる共産党による内戦がはじまり、戦争遂行《すいこう》のためにも台湾から大陸に物資を送らねばならなかった。加えて、中国大陸で進行していた悪性のインフレが、台湾にも及んでいて、本省人は不満を募《つの》らせ、１９４７年2月、その不満は臨界点に達しようとしていた。

発端となった事件は、台北《たいほく》の商店街で起きた。当時、台湾では闇煙草《やみたばこ》売りを摘発していて、2月27日、取締員は闇煙草売りの寡婦《かふ》を摘発、商売品の煙草ばかりか所持金まで押収した。女性は現金の返却を嘆願《たんがん》したが、逆に取締員たちに銃で殴られ、血を流し倒れ込んだ。群衆はこれに怒り、取締員に詰め寄ったところ、取締員のひとりが発砲し、死亡者が出た。この流血劇が群衆をさらなる怒りに駆り立てた。

翌28日、群衆は長官公署前広場に集まり、抗議をおこなう。これに対して、長官公署の屋上から衛兵による銃撃がおこなわれ、数十人が犠牲となった。

怒った群衆はラジオ局を占拠し、この流血事件を台湾全土に放送した。以後、台湾の都市では騒動がはじまった。これに対しておこなわれたのは、徹底的な弾圧である。

大陸からアメリカ製の兵器を手にした兵士たちが上陸をはじめたとき、群衆には勝ち目はなかった。以後、**銃撃により多くの本省人が命を落とした。その犠牲者は、１万８０００人とも２万８０００人ともいわれる。**

専売局台湾支局の前で抗議する市民

二・二八事件でもっとも狙われたのは、医師、弁護士、議員、マスコミ関係者らである。彼らは知識人であるため、政府に批判的になりやすいうえ、社会的な影響力も強い。彼らの影響力を台湾から消すために、当局は彼らを殺害していった。

台湾の住人たちもこの狙いに気づき、大学生らを山に逃がしたり、蔵に匿《かくま》ったりしている。のちに総統となる李登輝《りとうき》も、蔵のなかに匿われ、難を逃れている。

二・二八事件によって、本省人は自らと外省人たちの政府の違いを、怒りと哀しみのなかで思い知る。日本の統治時代は、法による支配がなされ、政治的な問題を起こした者も法廷によって裁かれた。台湾の住人には、法による裁きを求められるという感覚があった。

けれども、二・二八事件では、法による裁きはなく、兵士らが見境なく人を殺した。台湾の住人は、同胞であると思っていた新たな政府に、自らとは「別物」と感じるようになる。

そこから先、本省人は自らが中国人ではないと考えはじめるようになっていく。だからといって、日本人に戻るわけにはいかず、彼らは自らが何者であるかを問いはじめる。二・二八事件は、そのきっかけでもあった。

二・二八事件は台湾に暗い影を落とし、本省人と外省人の対立を決定的にした。台湾内でこの事件にふれることはタブーとされ、事件が語られるようになるのは、1990年代の民主化の時代になってからだ。

台北が中華民国の臨時首都となった事情とは

国共内戦

台湾で二・二八事件が起きていた時代、国民党の中華民国の指導者・蔣介石はそれどころではなく、台湾にはいなかった。彼は、中国大陸で毛沢東率いる共産党と国共内戦を戦っていたからだ。

1946年7月からはじまった国共内戦にあっては、蒋介石の国民党はアメリカからの支援を得て、アメリカ製兵器を手にしていた。当初、国民党軍は優勢にあったが、1948年の中ごろから逆に共産党の攻勢が強まる。国民党の軍の規律は乱れ、兵士は横暴であったから、各地で反感を買っていた。国民党は実効支配領域を狭《せば》め、1949年初頭には大陸での拠点維持はむずかしくなってしまった。

1949年10月、勝ち誇る毛沢東は中華人民共和国の成立を北京で宣言する。敗れ去った蒋介石は、同年12月、台北へと飛んだ。この時点で、中華民国の領土は台湾島、澎湖《ほうこ》群島、金門島《きんもんとう》、海南島《かいなんとう》などを残すのみとなり、やがて海南島も失う。

蒋介石は台湾を根城《ねじろ》とせざるをえず、台湾を大陸への反抗の拠点と位置づけた。**台北は、孫文以来の中華民国の臨時首都となった。**蒋介石はその存命中、何度も大陸への復帰を試みるが、結局のところ失敗し、台湾＝「中華民国」という図式が定着していったのだ。

毛沢東の中国と蒋介石の台湾の共通点

ソ連の影響

台湾の国民党は孫文の「三民主義」に立脚した、民主主義を重んじる政党のよう

三民主義を唱えた孫文

に思われがちだが、現実の蔣介石の国民党はまったく異なる。

国民党は一党独裁の政党であり、国家の上に党を置いている。蔣介石は台湾統治にあたって、「党が政府を指導する」「党が軍を指導する」という「党国体制」を整えている。その意味で、中華人民共和国の中国共産党とそっくりである。じつのところ、蔣介石の国民党と毛沢東の共産党の構造は、ほぼ同じなのだ。両者は中国大陸の覇権を巡って対立する間柄である一方、兄弟政党のようなところがある。ともに、ソ連の影響を受けているからだ。

ロシア革命によって生まれたソ連の特色は、共産党による一党独裁国家であるところだ。共産党は国家の上にあり、軍をも支配する。毛沢東の共産党も蔣介石の国民党も、このソ連式の統治を真似ているのだ。

もともと毛沢東の中国共産党の場合、ソ連の指導と支援によって生まれ、組織されているから、そうなるのは自然の流れだろう。三民主義を掲げた国民党が一党独裁型となったのは、ソ連への接近によってだ。

孫文は中華民国の初代総統になりながら、すぐに軍閥《ぐんばつ》のボスである袁世凱《えんせいがい》に総統の座を明け渡さざるをえなかった。失意の孫文の心を捉えたのは、ロシア革命の成功であり、孫文はソ連に支援を期待してソ連寄りとなった。

孫文の後継者である蔣介石は、ソ連に渡り、赤軍の軍事指導者でもあったトロツキーからソ連式の組織づくりを学んでいる。蔣介石にとって組織のモデルは、ソ連の共産党であり、毛沢東同様、一党独裁を目指し、抵抗する者に対する粛清《しゅくせい》を躊躇《ためら》わない体質になったのだ。

では、同じような体質の蔣介石がなぜ毛沢東の中国共産党を嫌ったかというと、その組織力を恐れてのことだろう。蔣介石は、共産主義思想には共鳴できなかったが、共産党の組織力の高さをよく知り抜いていた。だからこそ、日中戦争にあっても、日本よりも共産党を敵視し、共産党を根絶《ねだ》やしにしようとした。

蔣介石による台湾統治は、国民党の一党独裁にはじまっている。ただかりそめにも中華民国は、民主主義を標榜《ひょうぼう》し、民主主義国家アメリカの支援を受けてきてもいる。そのため、形の上では台湾には中国青年党、中国民主社会党が置かれている。二党はお飾りでしかなく、「花瓶《かびん》政党」と呼ばれた。このあたりも、中華人民共和国と同じであり、現在の共産中国にも複数の政党が形のうえでは存在している。

蒋経国

蒋介石の息子はソ連留学で何を学んでいたか？

中華民国＝「台湾」の歴史のおよそ40年は、蒋家の王朝時代といっていい。台湾では蒋介石の独裁ののち、彼の子である蒋経国《けいこく》の独裁時代を迎える。蒋介石の時代から、すでに蒋経国は父・蒋介石の右腕的な存在でもあった。

その蒋経国は、父・蒋介石よりもずっと複雑な人物である。蒋経国はのちに民主化の素地をつくった人物である一方、１９５０年代には台湾の暗黒化を進めた人物でもあるのだ。

蒋経国の性格がわかりづらいのは、その特異な経歴による。１９１０年生まれの蒋経国は、少年時代に留学のためソ連に向かい、１９２５年から１９３７年にわたって10年以上もソ連に滞在している。蒋経国は、ソ連で多感な時代を過ごし、共産思想、破壊工作などを学び、ロシア人女性と結婚、大人になっている。

蒋経国のソ連留学は、彼の意志というよりも、父・蒋介石が取り決めたものと思われる。当時、蒋介石はソ連の支援を受けていたから、蒋経国のソ連留学はソ連への人質の意味もあったと思われる。

蔣経国はモスクワにあっては、「中国労働者孫逸仙《そんいつせん》大学（モスクワ中山《ちゅうざん》大学）」に入学している。孫逸仙大学は、孫文を顕彰《けんしょう》する大学という体裁《ていさい》をとりながら、じつは孫文人気を利用して、中国の優秀な若者を集め、筋金《すじがね》入りの共産主義者に育てる学校である。蔣経国は、ここでロシア語、レーニン主義、軍事科学を学んでいる。「行動学習」という訓練もあり、自己批判、相互監視を叩き込まれている。

孫逸仙大学には、のちに中国共産党の主要人物となる鄧小平《とうしょうへい》、朱徳《しゅとく》、葉剣英《ようけんえい》、楊尚昆《ようしょうこん》らもいた。蔣経国は、とりわけ鄧小平と気脈を通じていたようだ。鄧小平、朱徳らが筋金入りの共産主義者になったように、蔣経国も、骨の髄《ずい》まで共産主義者になっていたと思われる。彼は、トロツキーにも心酔《しんすい》するようになる。

独裁をおこなった蔣経国

ただ、蔣経国のソ連留学は、順風満帆《じゅんぷうまんぱん》ではなく、途中から暗転する。スターリンがソ連の実権を握り、対立する思想をもつ者の粛清《しゅくせい》にかかったからだ。スターリンと対立していたトロツキーは失脚させられ、トロツキーに心酔していた蔣経国もスターリンに疑われる。蔣経国はモスクワから追放され、一労働者として農村や都市の工場で働くこととなった。

この時代、父・蔣介石は中国大陸で共産党相手に戦っていたため、蔣経国は処刑されてもおかしくなかった。彼は、粛清の恐怖の日々にあったと思われる。

ただ、蔣経国は父の反共行動を批判し、スターリンは、蔣介石の子としての蔣経国を利用価値ありと見なした。蔣経国は、冷遇される人質となっていた。

蔣経国が中国に復帰するのは、1936年の西安《せいあん》事件を経てのことである。蔣介石が監禁されるという西安事件の結果、国共合作《こっきょうがっさく》がなり、蔣介石は共産党と協力関係を築いた。これにより、スターリンは蔣経国の帰国をゆるしている。

このように、**蔣経国はソ連時代に共産主義思想を叩き込まれ、政治警察の手法までも血肉と化していた。**蔣経国は、母国に復帰ののち、父・蔣介石に合わせて反共の政治家になったが、その根っこには共産主義者的な体質があるのだ。

とりわけ彼は、特務を利用したスターリンの独裁の手法を知悉《ちしつ》している。ゆえに台湾統治にあたって、蔣介石は蔣経国に特務、つまり政治警察を任せている。特務の組織づくり、住人統制と監視は蔣経国の得意とするところであり、のちに台湾の住人、とくに本省人は特務の恐怖による暗黒時代を経験する。

なぜ、世界一長期間の戒厳令が敷かれたのか？

白色テロ

蔣介石の国民党が大陸から台湾に追われる決定的な年となった1949年、台湾ではさらなる「暗黒化」が進行する。この年5月に政府は戒厳令を敷いている。戒厳令下、集会、結社、デモ、ストライキ、学生の授業ボイコットは禁止される。当局による郵便、電報の勝手な開封閲覧が認められ、旅行も統制下に置かれた。台湾での戒厳令はこののち38年間もつづき、これは世界で一番長い戒厳令となった。

戒厳令下の台湾では、歌ひとつも審査・禁止の対象であった。左翼的な歌はもちろん、暗い歌詞は住人を精神的に動揺させるとして禁止された。エロチックな音楽は、頽廃的《たいはいてき》とこれまた禁じられた。政府の統計では、およそ3000の曲が審査を通らなかったという。

また、6月には「懲治反乱条例」「粛清匪諜《ひちょう》条例」が施行されている。これらの条例は、当局による住民の徹底的な統制を認めるものであり、「白色テロ」の容認でもあった。「白色テロ」とは、政府による住民への暴力である。

すでに1947年の二・二八事件以降、台湾では白色テロが横行していたのが、

１９４９年にはじまる戒厳令時代以降、白色テロは台湾で常態化していく。台湾の各界には秘密の監視組織が張り巡らされ、理不尽な逮捕、拷問が絶えなかった。無実なのに、拷問により罪を着せられて処刑される者もいた。理由もない失踪事件もたびたびあり、密告が横行した。

政治警察は、夜、突然訪れて、連行していく。その恐怖に関しては、のちに総統となる李登輝《りとうき》が、作家・司馬遼太郎《しばりょうたろう》との対談で「かつてわれわれ七十代の人間は夜にろくろく寝たことがなかった」と悲痛な思いで語っている。

台湾で白色テロが横行するようになったのは、ひとつには大陸からの侵攻に対する恐怖からだ。すでに大陸で勝利した毛沢東の中国共産党政権は、台湾上陸作戦を視野に入れている。共産党の常套《じょうとう》手段は、敵地への工作員の浸透による住人の蜂《ほう》起《き》、反乱である。ゆえに、蒋介石や蒋経国は**共産党のスパイと思われる者には徹底的な拷問をおこない、始末する必要に駆られていた**のだ。

また、当局は二・二八事件を経てなお生き残っていた知識人を恐れてもいた。知識人ほど、共産主義に理解を示し、シンパになりやすい傾向があるからだ。当局はことさらに知識人を警戒し、抹殺しようとしていたのだ。蒋経国によって組織された政治警察は、台湾内を恐怖させることになった。

なぜ、国会に「万年代表」が居すわるようになったか？

動乱戡乱時期臨時条款

蔣介石の台湾における独裁政治を象徴するひとつが、「万年代表」「万年国会」の存在である。1945年からはじまった中華民国政府（国府）の台湾統治では、長く台湾ではまともな国会（立法院）選挙がなかった。そのため、「万年代表」と呼ばれる議員たちが存在しつづけ、彼らが蔣介石の独裁の基盤にもなっていたのだ。

「万年代表」が生まれたのは、「動員戡乱《かんらん》時期臨時条款《じょうかん》」（反乱平定時期臨時条項とも）によってである。これは、蔣介石の国民党政府がまだ中国大陸にあった1948年に制定された、国家総動員法のような規定だ。

当時、**蔣介石の国民党政府は毛沢東の共産党を倒すために独裁を強化した。共産党を打ち倒す、つまり「戡乱」するまでの間、すべての強権がゆるされるとしたの**が、この規定である。それは中国大陸のみならず、台湾にも及び、以後、台湾では李登輝時代の1991年まで43年間もつづくのだ。

蔣介石の国民党政府では、1947年に第1期の立法院議員を選出していたが、1948年の「動員戡乱時期臨時条款」によって、その後、選挙は消滅。第1期の選挙に当選した議員たちは、国民党政府の台湾逃亡に伴って、台湾で「万年代表」化したのだ。

国民党政府独裁の台湾でも、選挙はあった。日本統治時代に引きつづいて、地方議会の選挙が実施されたが、国政に関わる議員の選挙は長くありえないものとなってしまった。唯一、「万年代表」が死亡したとき、補充選挙がおこなわれる程度であったから、国民党政権に民意が反映されるはずもない。議会は外省人の万年議員のほぼ独占するところとなり、蔣介石政権の独裁に迎合《げいごう》していたのだ。

アメリカはなぜ蔣介石の台湾を見捨てかけたのか？　アチソン・ライン

1950年初頭、蔣介石率いる中華民国は、消滅の危機に瀕《ひん》していた。これまで蔣介石を支援してきたアメリカが、蔣介石の国民党を見切ってしまったからだ。

国共内戦下、**アメリカが蔣介石を支援したにもかかわらず、蔣介石が敗れたのは、国民党の腐敗体質によるものとアメリカは見なしていた**。台湾での白色テロを耳にして、**アメリカは中華民国を、守るに値する国とは思わなくなっていたのだ**。

すでに1950年初頭の時点で、毛沢東の中国は、台湾を接収する気満々である。

アメリカは、台湾が毛沢東の中国に渡ってもやむをえないと考えるようになっていた。1950年1月、アメリカのアチソン国務長官による声明では、アメリカの東アジアでの防衛ライン（アチソン・ライン）から、朝鮮半島と台湾を外している。

蔣介石側は、アメリカを味方にとどめようと手を尽くした。切り札は、蔣介石夫人である宋美齢である。宋美齢はかつてアメリカ国内での活動によって、アメリカを日米戦争へと誘導した実績があるが、その神通力も、もはや通じなかった。アメリカは、蔣介石・宋美齢夫妻の国民党にすっかり愛想を尽かしていた。

当時、台湾にはロクな空軍力も海軍力もない。一説には、ジェット機をすべて失い、老朽化したプロペラの戦闘機が50機程度あるだけだった。毛沢東は、ソ連のスターリンに懇願し、台湾海峡制圧用の航空戦力を手にしていた。中国本土から兵士を乗せた多数のジャンク船が押し寄せるなら、台湾はまたたく間に制圧されただろう。だが、その日はこなかった。

朝鮮戦争

中華民国の存続をゆるしたスターリンの思惑とは

1950年、風前の灯火《ともしび》であった蔣介石の中華民国が存続したのは、同年6月に

アメリカのトルーマン大統領

勃発した朝鮮戦争によってである。金日成《キムイルソン》の北朝鮮軍は韓国内に侵攻、電撃的にソウルを制圧したのち、南下をつづけた。

そうしたなか、アメリカのトルーマン大統領は態度を一転させる。トルーマンは「台湾海峡の中立化」を声明して、第7艦隊を台湾海峡に遊弋《ゆうよく》させた。

トルーマンのアメリカは、いざ韓国を失いそうになったとき、初めて台湾の地政学的な重要性を認識したのだ。朝鮮半島が共産主義化されるなら、その切っ先は日本に向けられる。アメリカは日本とフィリピンを共産主義勢力から守るしかないが、台湾が共産主義化されると、日本とフィリピンのラインが寸断されるのだ。

第7艦隊の睨《にら》みもあって、毛沢東は台湾侵攻を諦めざるをえなかった。そればかりか、逆襲に転じたアメリカ主導の国連軍が朝鮮半島に上陸して北朝鮮内を北上、中国と北朝鮮の国境に迫ったとき、戦争に中国軍の投入を決断せざるをえなくなった。毛沢東の中国は朝鮮半島に釘付けにされてしまい、台湾接収どころではなくなったのだ。

こうして蒋介石の「中華民国」＝台湾は消滅を免《まぬか》れたが、そこにはソ連のスターリンの思惑もあった。スターリンは、北朝鮮の金日成の思惑を優先し、毛沢東の台湾接収の野望を半ば妨害していたのである。

当時、共産主義陣営で主導権を握っていたのは、ナチス・ドイツを下したスターリンのソ連である。金日成の北朝鮮も毛沢東の中国も、ともにソ連の力を必要とした。金日成は朝鮮半島を統一するための支援を、スターリンに求めていた。ほぼ同時期、毛沢東も台湾接収のための空軍力、海軍力の支援をスターリンに要請していた。

ソ連のスターリン

このとき、スターリンは計算した。毛沢東はもともとソ連に従順ではないし、毛沢東の中国が強大化するのは、ソ連のためにはならない。だから、金日成の支援を理由に、毛沢東の台湾接収の支援を中止し、毛沢東の野心を阻んだのだ。

スターリンにしてみれば、台湾に逃げ込んだ蒋介石もひとつの駒であった。蒋介石を生かしておくことで、毛沢東に嫌がらせもできると踏んでいたのだ。

一方、すんでのところで危機を脱した蔣介石は、朝鮮半島への3万名の兵士の派遣をアメリカに打診している。蔣介石は、朝鮮半島の動乱が第3次世界大戦に発展することを望んだのだ。その第3次世界大戦で中国大陸が戦場となるなら、アメリカの支援を得た蔣介石の国民党が大陸を奪回できると考えたのだ。ただ、アメリカはこれを断り、蔣介石の大陸への反攻を禁じている。

台湾地位未定論

日本はなぜ、台湾相手に日華平和条約を結んだのか？

1950年代、蔣介石の統治する「中華民国」の領土は、ほぼ台湾のみであったが、それでも中国を代表する政府として見なされていた。国連に加入しつづけていたのは、蔣介石の中華民国であり、毛沢東の中国は除外されていた。そればかりか、蔣介石の中華民国はアメリカ、ソ連、フランス、イギリスとともに国連の常任理事国の座にあり、見かけのうえでは大国であった。

1952年には日本との間で「日華平和条約（日本国と中華民国との間の平和条約）」を台北で取り結んでいる。これは、日本が渋々結んだ条約でもあった。

当時、日本は毛沢東の北京政府との間で平和条約を結ぶことも視野に入れていた。日本からすれば、日本軍が戦ってきたのは中国大陸である。戦後賠償まで視野に入れるなら、中国大陸を統治する毛沢東の北京政府のほうと条約を結びたい。けれども、日本は台湾の中華民国政府を「中国を代表する政府」と見なし、日華平和条約を結ぶ。そこには、アメリカの意向があったからだ。

日華平和条約は、前年のサンフランシスコ平和条約とセットになっている。サンフランシスコ講和会議には52か国が参加、このうち48か国が日本との講和条約を結んだが、毛沢東の中華人民共和国、蔣介石の中華民国は招かれなかった。アメリカとイギリスの間に、どちらを招くかの対立があったからだ。イギリスは毛沢東の中華人民共和国を重視し、北京政府と日本の講和を望んでいた。

だが、アメリカは、朝鮮戦争以来、北京政府を敵視していたから、台湾を選ぶように日本に求めた。日本に対して日華平和条約を結ぶ気がないかぎり、サンフランシスコ条約を結ばないと恫喝《どうかつ》したから、日本は台湾政府相手に条約を結ぶ方向へと動かざるをなかった。

サンフランシスコ平和条約に関しては、台湾についての規定がある。そこには、**「日本は台湾に対するすべての権利、権限および請求権を放棄する」**としているが、台湾をどこに返還するか規定していない。

この台湾の帰属に関しての規定は、「台湾地位未定論」といわれる。当時の中華人民共和国も中華民国もこれに反対していたのだが、現在の台湾にあっては、これは台湾の独立にあたってのひとつの論拠ともなっている。

アメリカが狙う台湾の「不沈空母」化の真意

米華防衛相互条約

1950年代の台湾は、アメリカと緊密化を遂げている。アメリカが、台湾の地政学的な地位を認めたからだ。アメリカは、日本、沖縄、台湾、フィリピンの弧を共産主義に対抗する防衛ラインと見なし、台湾防衛に力を注ぎはじめた。

1951年、アメリカは中華民国と**「米華共同防衛相互援助協定」**を結び、台湾に軍事顧問団を送り込んでいる。台湾の国軍の大隊にはアメリカ軍人の顧問グループがあり、彼らが国軍の強化にあたった。アメリカは、こののちおよそ8億ドルもの軍事援助を蔣介石の台湾におこなっている。

つづいて1954年には、**「米華相互防衛条約」**を締結している。これは、当時の東アジア情勢の変化に対応して、台湾の防衛を一段と強化するための条約だ。

１９５３年、スターリンの死ののち、朝鮮戦争は休戦となる。朝鮮半島に釘付け状態にされていた毛沢東は、ふたたび台湾に目を向けようとしていた。インドシナ半島ではフランスが１９５４年に完全に撤退し、ソ連、中国の支援を受けるホーチミンの北ベトナムが大きな存在となっていた。アメリカは共産主義勢力の拡大を恐れ、台湾を「不沈空母」化しようとしていたのだ。

米華相互防衛条約は、アメリカにとっては蔣介石の軽挙を押さえ込むためのものでもあった。蔣介石はたびたび大陸への反抗の誘惑に駆られ、軍事行動を起こそうとした。それは、アメリカから見れば、毛沢東の中国を刺激するものであり、アメリカは条約によって台湾を縛ろうとしていたのだ。

毛沢東は、じつは台湾接収を諦めていた？

金門島の攻防

アメリカと台湾が米華相互防衛条約を結んだ１９５４年は、毛沢東の中国がふたたび台湾に対して攻勢を開始した年でもある。攻勢の焦点となったのは、金門島や台州《たいしゅう》（大陳《だいちん》）列島である。

金門島や台州列島は、中国大陸に近い島嶼《とうしょ》である。金門島は廈門《アモイ》のすぐ沖にあり、大陸からの距離はわずかに7キロしかない。台湾からは遠く、中国本土からはすぐそこにある。蔣介石の国府は、大陸に近い金門島や台州列島を領有しつづけていたが、毛沢東はこれら島嶼の奪取を欲したのだ。

金門島では、かつて1949年、毛沢東は煮え湯を飲まされている。国共内戦の最終局面にあって、毛沢東は、およそ1万7000名の部隊を金門島の西側の古寧頭《こねいとう》に上陸させ、一気に金門島の制圧を狙った。すでに中華人民共和国の成立を宣言していたから、金門島占領は、毛沢東の栄光をより輝かしくするはずであった。けれども、連戦連勝中の中共軍は金門島との戦いで想定外の大敗を喫《きっ》し、帰還した兵士はわずかに2000名にすぎなかった。

当時、国府軍の兵士の士気は低く、軍規は乱れていた。それでも金門島での勝利を得られたのは、旧日本軍の将校の協力があったからだ。

毛沢東は、この屈辱を覚えていた。朝鮮戦争が終わったのちの1954年9月に金門島への大砲撃がはじまり、翌年2月には中共軍は台州列島を制圧している。以後、中国側はたびたび金門島を砲撃し、攻勢を仕掛ける。それは1968年まではおよそ14年間もつづいたが、結局、台湾側は金門島を守り通した。金門島は、いまなお台湾が支配している。

毛沢東の中国が金門島にたびたび攻勢を仕掛けたのは、じつは台湾接収をひそかに諦めていたからだろう。台湾がアメリカに見捨てられた1949年から1950年6月までなら、毛沢東の中国は台湾を攻略できただろう。だが、アメリカが台湾を守る意志を固めはじめると、台湾には容易に手が出せない。かりに台湾への侵攻のために多数の艦船と航空機を動員しても、アメリカの第7艦隊の前に海の藻屑《もくず》となってしまう。

毛沢東は台湾接収をひそかに諦め、代わりに大陸に近い金門島に攻勢を仕掛けたのだ。金門島を攻めつづけることで、毛沢東は台湾攻略を諦めていないというメッセージを、国民そして世界に送りつづけていたのだ。

毛沢東によるたびたびの金門島砲撃指令は、台湾とは関係なしに、中国の政治情勢を受けてのものとなっていく。毛沢東は、金門島を砲撃することで、中国国内を動かすようになったのだ。たとえば、1958年の砲撃は8月23日から44日間もつづき、第2次台湾海峡危機とも、「八二三砲戦」とも呼ばれた。それは、国内での大躍進運動を盛り上げるための花火のようなものだった。

大躍進運動は人民公社を創設して、中国の生産力を大幅に増大させようというものだった。その手法には無理なところがあり、毛沢東は大躍進運動に向けて住人を高揚《こうよう》させるべく、わざと金門島で緊張状態をつくったのだ。金門島への砲撃音は、当然、本土にも聞こえる。その爆音こそが、毛沢東の加勢となっていたのだ。

奇妙に思えるのは、毛沢東がたびたび金門島を砲撃させながら、金門島への上陸作戦を命令していないところだ。金門島は、廈門のすぐ沖であり、中国大陸から力攻めするなら、攻略は不可能ではない。

それでも、**毛沢東が金門島上陸作戦をおこなわなかったのは、蔣介石政権を存続させるためだろう**。金門島が奪われるなら、台湾内における蔣介石の威信は大きくぐらつく。アメリカは求心力を失った蔣介石を見かぎり、新たに民主的な人物に政権をつくらせるかもしれない。

そんな民主台湾は毛沢東の望むところではなく、台湾に蔣介石の一党独裁政権がつづいてほしかった。**蔣介石の腐敗した一党独裁政権なら、いつか毛沢東が操り、引き寄せることができるかもしれない**。毛沢東のそうした思惑によって、金門島上陸作戦は封印されたままになっていたのだ。

現在、中国の最高指導者・習近平は、毛沢東思想の継承者を自任する。彼は毛沢東の悲願であった台湾の接収を自らが果たそうとしているが、いったいどこまで毛沢東の本心、策略を知ってのことだろうか。

2章

恐怖政治のもとで驚異の経済成長を実現

1950〜60年代

蔣介石・経国父子が経済建設にシャカリキになった理由
アメリカの支援

1950年代、台湾は「暗黒」の時代にあったといっていい。政府による「白《はく》色《しょく》テロ」は絶えず、住人は白色テロに怯《おび》えながら生活しなければならなかった。

けれども、その一方、1950年代は希望がわずかながら見えはじめた時代でもある。この時代に、国府による台湾の経済建設がはじまっていたからだ。

それは、アメリカの支援あってのものだった。台湾を共産主義に対する砦《とりで》としたアメリカは、朝鮮戦争のさなか、1951年から年間およそ1億ドルの経済支援をおこなっている。これは1965年まで15年間もつづき、台湾は15億ドルをアメリカから受け取っていたことになる。年によっては、台湾のGDPのおよそ1割がアメリカからの支援であった。支援金のうち半分は軍事費に消えていたとはいえ、台湾政府には経済建設の元手があったのだ。

台湾の国府は、1953年から第1次の4か年経済建設計画を始動させている。それはソ連型の計画経済に倣《なら》ったものであり、ソ連を模倣《もほう》した国家・中華民国らしい経済建設だが、**まずは公共インフラの拡充と物価の安定に力を注いでいる。**

すでに、日本統治時代に社会インフラはある程度建設されていた。**国府は、日本時代の遺産を土台にこれを拡充していけばよかったのだ。**台湾の実質経済成長率は１９５５年の時点で８・１％、１９６０年に６・４％となっている。

ここが、１９５０年代の台湾と韓国の違いでもある。１９４８年に独立した韓国もまた、台湾同様不安定であり、アメリカからの支援で成り立っていた。アメリカは韓国に援助物資を送り、李承晩《イスンマン》大統領の韓国政府は援助物資を国内で売りさばき、国の財源としていた。アメリカの援助物資を元手にしたカネは、国家予算の半分くらいを占めていた。

李承晩政権の１９５０年代の韓国はアメリカの援助物資をアテにしつづけ、これを元手にしたカネを食い散らかすだけであった。ゆえに、１９５０年代の韓国はまったく経済成長できていないのだ。

台湾と韓国の相違は、国家意識の差だろう。韓国の李承晩大統領は、アメリカが支援してくれるなら、なんとかなるとタカをくっていたようであった。

一方、台湾の蔣介石《しょうかいせき》・経国《けいこく》父子には、後がなかった。台湾統治で失敗すれば、大陸への反抗は不可能となるし、ほかに行き場がない。蔣介石・経国父子は台湾で強権をふるいながらも、台湾の成長に賭けるしかなかったのだ。

なぜ、困難なはずの農地改革に成功したのか？

耕す者がその田を有す

蔣介石の国府の経済建設、社会建設は、まずは農地改革からはじまっている。台湾で、小作農の自立がはじまったのだ。その大本命は1953年からの「耕者有其田（耕す者がその田を有す）」政策となるが、それ以前、1949年には「三七五減租」を実施している。

「三七五減租」とは、地主への小作料を37・5％へと引き下げるものであった。それまで台湾では小作農の地主への小作料は5割を超えていたのだが、アメリカの指導もあって、国府はこれを抑制し、小作農の自立を促したのだ。

つづいて国府は、1951年に公有農地を小作農らに払い下げている。このあと、1953年に「耕者有其田」政策が実施される。**それまで台湾では地主が多くの農地を有していたが、これを小作農に振り分けたのだ。台湾の歴史のなかで最大の農地改革である。**

「耕者有其田」政策は、大胆な土地改革であり、地主から土地を取り上げるものだ。多くの抵抗があっても不思議ではないが、比較的穏健《おんけん》な形で国府はこれを達成している。というのも、政府が地主に補償をしていたからだ。

「耕者有其田」では、**政府が強制的に地主から農地を徴集する代わりに、政府は地主に対して7割を米や土地などの実物債券で、3割を台湾セメント、台湾製紙、台湾農林、台湾鉱工の4大公営企業の株式で提供した。**地主もこれに納得せざるをえなかったのだ。

じつのところ、この政策は政府にとって元手要《い》らずだった。もともと公営企業の株式は、日本統治時代の資産であったから、これを提供しようと、政府の腹はそう痛まないのだ。先の公有農地の払い下げにしろ、それは日本から引き継いだものだから、政府が犠牲を払っているわけでもない。

しかも、政府は提供する株式に関しては、放出前に操作して高値にしておいた。その株価が、放出後の地主の投げ売りもあって暴落したから、政府は公営企業の経営権を確保できたのだ。

「耕者有其田」をはじめとする一連の農地改革の狙いは、ひとつには共産革命を予防するためだ。毛沢東《もうたくとう》の共産革命の得意とするところは、地主を殺し、小作農に土地を与えることだ。そこから、共産党は農村で支持を得て、農村が都市を包囲する戦略が可能となる。この革命戦略が台湾に浸透したら、国府は倒される。

ならば、共産党が浸透するよりも先に手を打って、地主の土地を徴集し、小作農に分け与えたほうがいい、ということになるのだ。国府は知識人を白色テロで弾圧しながらも、土地政策で農民を味方にしていった。

台湾経済はまずは農業で成長し、農産物は主要輸出品となった。台湾の農産物といえば、日本統治時代から米と砂糖である。1950年代、日本への米と砂糖の輸出だけで、台湾は年間1億ドル前後の外貨を得ていた。これは、アメリカによる年間の支援金とほぼ同額であり、農産物を中心とする輸出成長率は、じつに20％にも達していた。

豊かになりはじめた農民らの消費も経済成長をもたらし、1950年代を通じて台湾は少しずつ豊かになりはじめていたのだ。

1950年代の、突出した経済成長の原動力とは

開発独裁

1950年代、台湾の経済成長は、東アジアでも先んじていた。日本はべつとして、新たに独立した国の経済は思うように成長できずにいた。北朝鮮は工業化を進めようとしていたが、ソ連の支援頼みの側面があり、自立的な発展はできなかった。

韓国は低迷し、中華人民共和国は大躍進という毛沢東の無理な経済政策もあって、経済を破綻させていた。そんななか、台湾経済は自立的に発展していたのだ。台湾では農業が稼ぎ、工業化への礎《いしずえ》になろうとしていた。**外資の積極的な導入も試みていて、1954年には「外国人投資条例」、1960年には「投資奨励条例」を制定**している。

1950年代、台湾でも紡績を中心に工業化がはじまり、1950年代も後半になると、紡績やセメントなどは生産過剰ともなっていた。当初、政府は新たな紡績会社の参入を許可せず、これにより既存の紡績会社の成長を維持しようとしたが、1957年には方針をあらためる。投資制限を緩和し、新たな紡績業への参入を認め、輸出拡大に乗り出している。

台湾の1950年代の成長は、「開発独裁」が機能したからだろう。開発独裁とは、独裁政権による経済開発である。蔣介石・経国父子は開発独裁のモデルに、ひところ重工業化に成功したソ連を見ていただろう。台湾のあり方はソ連ほど計画的ではないが、強権によって開発独裁にはしっていたのだ。

台湾の開発独裁の成功は、東アジアにあって、ひとつのモデルとなったと思われる。韓国では1961年に軍人である朴正熙《パクチヨンヒ》がクーデタによって政権を握ると、経済建設をはじめる。それまでの韓国はまったく経済成長できなかったから、朴正熙は台湾の経済成長にひとつのモデルを見ていたのではないか。

救国団

冷遇されてきた本省人を抜擢した蔣経国の狙いとは

1950年代、暗黒の台湾では、弾圧されている本省人に、チャンスが与えられはじめていた。それが、「中国青年反共救国団（略して、救国団）」の創設である。「救国団」とは、蔣経国主導による青年団組織である。それは、蔣経国の留学先であるソ連のコムソモールをモデルとした、青年養成の場でもある。全体主義国家は、とかく青年を動員し、未来の藩屏《はんぺい》としたがる。ナチス・ドイツにはヒトラーユーゲントがあり、ソ連にはコムソモールがあった。

蔣経国の救国団は、反共の青年を育てる組織であり、それは台湾の青年の目を現実から逸《そ》らすためのものでもあった。現実には、台湾の住人は蔣介石の政府も恐れ、憎みもしている。その反感の矛先を国府から共産主義に向けさせ、青年を団結させようとしたのだ。

さらには、蔣経国にとって救国団は自らの親衛隊づくりの一環であった。蔣経国は最高指導者・蒋介石の実子とはいえ、当時、宋美齢《そうびれい》をはじめ政敵も多かった（経国は、蒋介石の前妻・毛福梅の子であった）。蒋経国は勢力拡大を考え、自らの支援団体として救国団を組織したのだ。

救国団の育成にあたって、蒋経国は有能そうな人材をかたっぱしから救国団に入れようとした。そこには、本省人と外省人の区別がなかった。虐《しいた》げられがちな本省人であれ、蒋経国の目に留まるなら、救国団に引き入れられ、ここをステップアップの場にできたのだ。こうして蒋経国は、本省人の支持も得るようになり、自らの地位を高めたのだ。

救国団は、当初、軍事教育訓練をおこない、武闘集団としての性格が強かったが、台湾が経済成長を遂げた1960年代には、青年のためのレジャー奨励機関に変質していく。男女混じってのピクニックやダンス会が開かれるようになり、救国団経営の宿泊施設「青年観光センター」が全国の観光名所に建てられてもいった。

「中国民主党」潰しで世界から孤立する台湾

『自由中国』事件

1950年代、台湾は経済成長をはじめていた。1960年には、アメリカのア

訪台したアイゼンハウアー大統領

イゼンハウアー大統領が台湾を訪れている。それは、現在に至るまで唯一のアメリカ大統領の訪台である。アイゼンハウアー大統領の訪台は、アメリカの台湾信認となり、蒋介石の権威を高めるものでもあった。

とはいえ、経済の成長やアメリカ大統領の訪台が、社会の自由化や民主化につながっていたわけではない。国民党政府は、台湾住人の自由を求める声をゆるさなかったし、国民党以外の政党結成を断固として禁じた。それが、１９６０年の『自由中国』を巡る事件となる。

『自由中国』とは、１９５０年代初期に創刊された雑誌である。当初、発行人となったのは開明的な思想家である元北京大学学長・胡適《こてき》であり、その後、実質的な発行人は外省人の雷震《らいしん》に移った。雷震は日本の京都帝国大学を卒業、憲法をとくに学んでいた。中国にあっては、国民党の党務を担い、台湾に移ってからは総統府国策顧問を務めていた。蒋介石に近い人物であり、ゆえに『自由中国』の発刊も認められていた。

蔣介石の国民党政府にしろ、『自由中国』は利用価値があった。1950年代を通じて、白色テロをおこなう蔣介石の政府は孤立しがちだった。台湾で政府を支援してくれそうなものなら、なんでも味方にしたかった。蔣介石は『自由中国』を認めていたが、1960年になると、『自由中国』の封殺にかかりはじめた。

というのも、『自由中国』が蔣介石の総統の3期連続就任に反対の論陣を張ったからだ。中華民国は一党独裁国家ながら、形のうえでは民主国家の体裁を整えている。当時の憲法規定では、総統の任期は6年で、再任は1回かぎりとなっている。にもかかわらず、蔣介石は1960年に第3期目を果たそうとしたから、『自由中国』はこれに反対する意見を述べていたのである。

さらに『自由中国』は、言論の自由をうたい、台湾における反対党（野党）の必要を説き、さらに雷震一派は「中国民主党」の結成にも動きはじめていた。

中華民国は国民党の一党独裁国家であり、国家の上に党が存在する。「中国民主党」の結成はあってはならないものであり、国府は雷震と『自由中国』を潰しにかかった。当局は、雷震に対して「共産党員の存在を知りながら通報しなかった」「共産党のために宣伝した」という罪をかぶせ、逮捕する。雷震には、懲役10年の刑が科された。**当局は『自由中国』を解散させ、中国民主党の結党も立ち消えとなった。**

『自由中国』事件は、台湾の評判を国際的に低落させるものであった。

また、蔣介石・経国父子の信用を失った軍部の要人・孫立人《そんりつじん》が軟禁される事件が勃発。これが海外で報道され、台湾と蔣介石・経国父子の評判を悪化させていた。台湾の悪評が世界を駆けめぐるほどに、毛沢東の北京政府の評価は相対的に高まる。台湾の恐怖政治、言論弾圧は、台湾を孤立化に向かわせていたのだ。

輸出増加で大躍進する台湾経済を支えた国とは

貿易加工立国

1960年代、台湾＝「中華民国」はさらなる経済成長を遂げる。すでに1950年代に経済成長は見られていたが、それを上回る経済成長がはじまっていた。1960年代のGNP成長は9・2%。1950年代の8・3%を凌駕《りょうが》している。しかも高めのインフレを伴った1950年代の成長に比べ、1960年代の成長ではインフレは抑制されていたから、台湾は豊かになっていった。

1960年代の台湾の成長エンジンは、輸出であった。台湾経済の輸出の進撃を支えた両輪は、日本とアメリカだ。アメリカは1951年以来、年間1億ドルの支援を台湾につづけてきた。その支援は1965年に終わるが、これに代わるかのように台湾は対米輸出で稼いでいく。1963年以降、アメリカがベトナム戦争に本格介入をはじめたからだ。ベトナムに近い台湾はアメリカ軍に物資を送りつづけることにより、大きな黒字を得ていたのだ。

また、台湾政府はアメリカからの支援の打ち切りの代わりに、1965年、日本政府相手に1億5000万ドルの円借款《えんしゃっかん》協定を結んでいる。アメリカの支援総額から見れば微々たるものだが、台湾は成長のための資金を必要としていた。1960年代、日本経済は爆発的な成長を遂げ、世界第2位の経済大国になっていた。日本の進めていた「加工貿易立国」は、台湾の成長モデルにもなっていた。

台湾には、日本企業による投資が増えていた。日本企業が台湾にさかんに投資するようになったのは、距離の近さもあるが、言葉が通じることが大きい。

この時代、まだ多くの本省人には、日本統治時代の教育が残り、日本語を操ることができた。台湾内では日本語が禁じられていても、日本企業相手ならゆるされた。英語を苦手とする日本企業にとって、台湾企業は話の通じやすいビジネスパートナーでもあったのだ。

さらに、日本と台湾政府の間も比較的、緊密であった。1957年、首相に就任したばかりの岸信介《のぶすけ》が台湾を訪問、蔣介石と会談し、以後、両者は親密な関係になっている。1967年には岸の実弟である佐藤栄作首相が台湾を訪れ、蔣介石と会談している。

1960年代、輸出主導で発展する台湾の経済や社会はありようを変えている。1950年代の発展は農業を中心としたところが大きかったが、農業人口には余《よ》剰《じょう》も生まれた。その余剰農業人口を安い労働力として、工業労働者に組み入れたから、台湾の工業の輸出力は高まった。台湾の輸出先ではアメリカが第1位、第2位は日本となった。輸入では、1位が日本、2位がアメリカであった。

台湾政府は、成長の1960年代に次なる手も打っている。1965年に「輸出加工区設置管理条例」により、「輸出加工区」を設置している。これは西側資本主義国の「自由貿易区」をモデルとし、ここでは原材料を輸入、加工して貿易するが関税をかけないとした。狙いは、外資を導入し、さらに海外の先進的な技術を国内に導入するところにあり、台湾の工業技術の進化の基盤にもなっている。

台湾の内外で蠢いていた反国民党政権の動き

台湾独立論

1960年代、中華民国は経済的に発展し、台湾の住人の暮らしは改善された。

けれども、あいかわらず台湾では国民党の一党独裁であり、厳しい言論・思想統制がおこなわれていた。自由な言論をなそうとする者は当局の厳重な処罰の対象であったが、それでも反国民党の動きが台湾内外であったこともたしかだ。知識人の中には、反国民党の動きは、「台湾独立論」という形にもなっている。

ひとつの中国とひとつの台湾があるという現実を認めたうえで、ならば台湾は台湾として独立すべきであると考えはじめたのだ。もちろん、それは処罰の対象になる。

1961年には、雲林県の県会議員であった蘇東啓が台湾独立を画策した容疑で逮捕されている。投獄期間は15年に及び、彼以外におよそ200名が連座した。

1962年には「廖文毅《りようぶんき》事件」が起きている。廖文毅は日本やアメリカの大学で学んだ経験のある本省人であり、二・二八事件の際には日本に亡命していた。彼は日本にあって台湾独立運動をはじめ、「台湾民主独立党」を結成していた。廖文毅の支持者は台湾内にもいて、およそ200名が逮捕となった。

廖文毅はというと、東京にいても台湾特務の監視を受け、彼はこれに耐えられなかった。1965年に彼は台湾に帰国、台湾独立を放棄すると宣言している。

さらに1964年、台湾大学教授・彭明敏《ほうめいびん》による「台湾人民自救運動宣言」印刷事件があった。彭明敏は、のちに1996年の台湾初の総統選挙に民進党から擁立《ようりつ》

当局に逮捕された彭明敏

された人物であり、日本の関西学院、旧制第三高等学校、東京帝国大学で学び、台湾大学を卒業している。

彼はフランスの自由思想に影響を受け、当時の中国と台湾の存在のあり方を冷徹に見つめた。それが宣言となる。宣言では、民主政権の樹立を訴え、「ひとつの中国とひとつの台湾」が存在することを事実であるとし、その直視を求めた。それは今日の「ひとつの台湾とひとつの中国論」の原点ともいえるが、印刷業者からの密告があり、当局は彼と弟子を逮捕している。

先の廖文毅が日本で反国民党運動、台湾独立運動を展開したように、**1960年代以降、日本やアメリカは台湾独立派の拠点にもなっている。**1960年、日本では言語学者の王育徳《おういくとく》を中心に「台湾青年社」が結成され、日本語による雑誌『台湾青年』が発刊されている。『台湾青年』には、日米で活躍し夫婦となる周英明《しゅうえいめい》、金《きん》美齢《びれい》も加わっている。

また、早稲田大学出身の羅福全《らふくぜん》はアメリカに渡り、蔡同栄《さいどうえい》らとともに「全米台湾独立同盟」を設立している。羅福全は国連職員、蔡同栄はニューヨーク州立大学でも活躍、彼らは台湾の独立と民主化をアメリカ社会に訴えている。

先の彭明敏は逮捕ののち、アメリカからの抗議もあってか、釈放されると、1970年にはスウェーデンに渡っている。その後、彼はアメリカに渡り、コロンビア大学教授にもなっているが、彼もまた、海外から台湾の独立を訴えている。

アメリカや日本などで「台湾独立」「民主化」を唱える台湾人は、台湾の国府にとってはお尋ね者である。彼らは「ブラックリスト」に登録され、台湾に帰国しようものなら、即、逮捕となる。しかも、海外にあっても台湾の特務系の監視はついてまわっていたが、それでも台湾人として主張することで、海外の台湾を見る目を変えていこうとしていたのだ。

暗黒の台湾に民主・独立の思考をひそかに持ち込んだ者たち

アメリカ留学

1960年代、言論の不自由な台湾でさかんになっていたのは、アメリカ留学だ。台湾内で学力があり志がある者なら、アメリカへ渡り、アメリカで学問のキャリアを積もうとした。経済成長をつづけている台湾には、青年たちを大学に渡らせるく

ノーベル賞を受賞した李遠哲

らいのカネがあった。

もちろん、台湾の国府は簡単には留学させない。政府に忠実な者のみしか留学できなかったが、いざ留学してしまうなら、政府の監視の目は届きにくくなる。

アメリカ留学でもっとも成功したのは、本省人の李遠哲《りえんてつ》だろう。彼は台湾大学や清華《せいか》大学を経て、1962年に渡米を果たし、カリフォルニア大学バークレー校大学院に学び、教授となる。1986年にはノーベル化学賞を受賞、それは台湾では初のノーベル賞受賞となった。

台湾住人のアメリカ留学は、台湾の知のレベルを引き上げたのみにとどまらない。台湾内に、ひそかにアメリカ式の自由思想、民主思想を持ち込むことになっていたと思われる。台湾では1980年代に民主化に動いていくが、このとき大きな役割を担っていたのが、アメリカ留学帰りである。

その典型が、のちに総統となる李登輝《りとうき》である。彼は台湾大学を卒業した本省人であり、1952年から2年間、アメリカのアイオワ大学に留学、1965年からアメリカのコーネル大学にも留学している。アメリカでの論文「台湾における農業と工業間の資本の流れ」は、全米最優秀農業経済学会賞を受賞している。李登輝は、その後、蒋経国に見込まれ、国民党に入党、要職に起用されている。

のちに総統となる李登輝

民主化リーダーのひとり宋楚瑜

また、2000年の台湾総統選に立候補した外省人の宋楚瑜《そうそゆ》の場合、国立政治大学を卒業ののち、1967年にアメリカのカリフォルニア大学バークレー校に学び、1974年にはジョージタウン大学で政治学博士号を取得している。帰国後、このアメリカでの経歴が買われ、蒋経国の秘書に起用されている。

彼らより少し遅れて、のちに総統となる馬《ば》英九《えいきゅう》もまたアメリカへと渡り、ハーバード大学法学博士の学位を取得している。1981年に帰国後、彼も蒋経国に見込まれ、彼の英語通訳、秘書を務めている。

李登輝や宋楚瑜はともに台湾民主化のリーダーであり、その素地はアメリカ時代に培《つちか》われていたと思われる。それは、李登輝や宋楚瑜にかぎった話ではないだろう。アメリカの大学に何年もいれば、アメリカ式の自由、民主に触れ、しだいに血肉化していく。もちろん台湾内での恐怖政治、言論統制は骨身に染みているので、台湾内部ではアメリカ式の言動を抑制しているが、状況がゆるすなら、少しでも台湾を民主、自由の方向にもっていきたい。アメリカ留学帰りはそうした心理にあり、台湾内にアメリカ式民主や自由の思想をひそかに持ち込み、育てようとしていた。

アメリカ留学組は台湾において知的エリートであり、政治の中枢にも近づきやすかった。国民党の独裁政権の中枢に李登輝、宋楚瑜、馬英九のような人材がはいっていったことで、台湾は新たなステージに移りやすかったともいえる。

中華文化復興運動
中国の文化大革命に対抗した蔣経国の新たな権力闘争

1960年代、「中華民国」=台湾は、毛沢東率いる北京の共産党政権とは、1950年代ほどには激しく対立しなかった。というのも、毛沢東の共産中国が、内部の権力闘争に忙殺《ぼうさつ》されたうえ、ソ連との対立を深刻化させていたからだ。

中国国内では、毛沢東の大躍進運動によって、多数の餓死者が出てしまい、毛沢東は責任をとって国家主席を辞した。が、その後、毛沢東は奪権闘争に向かい、1966年から文化大革命を始動させる。文化大革命は中国内戦に等しく、台湾にかまっている暇はなかったのだ。

文化大革命に刺激を受けたのか、蒋経国は1969年に台湾版文化大革命ともいえる「中華文化復興運動」を発動する。毛沢東の文革は、伝統的な中国文化の破壊でもあった。これに対抗する**蒋経国版文革「中華文化復興運動」は、文字どおり中国の伝統的な文化を大事にしようというものであった。**

副総統であった陳誠

この当時、台湾の住人は台湾の歴史、文化を知らない。学校で教えられるのは、中国大陸の王朝の歴史、文化である。そうした歴代中国王朝の文化をたいせつにしようと、蒋経国の文革はうたっていたのだ。

ただ、その真の狙いは、毛沢東の文革同様、ひどく政治的であった。毛沢東が紅衛兵《こうえいへい》（青年・学生組織）や軍を使ってライバルとなる権力者を打倒していったのと同じように、蒋経国も台湾の特権的な既得権層の追い落としを狙っていたのだ。

そのための手駒が、中国青年反共救国団（救国団）と軍隊であった。すでに述べたように、救国団は蔣経国が立ち上げた青年組織であり、紅衛兵になりうる存在であった。蔣経国は彼らを使って、学界、言論界、文化界の古参たちを攻撃させた。さらには、彼らの背後にある国民党の幹部たちにも批判を浴びせていったから、台湾内における古参の特権層はしだいに退場を余儀なくされていった。

すでに蔣経国は、蔣介石の後継者の地位にあった。1960年代前半、蔣経国には陳誠《ちんせい》副総統という強力なライバルがいたが、陳誠は1965年に没している。陳誠亡きあと、蔣経国の直接のライバルはいないものの、父・蔣介石以来の古参の存在がまだ多くいる。最大の政敵である義母の宋美齢が暗躍するなら、彼ら古参幹部を利用するだろう。彼ら古参幹部こそは、蔣経国が権力を掌握するうえで邪魔な存在であり、蔣経国は毛沢東の文革をヒントに彼らの力を殺《そ》いでいったのだ。

3章

国連から追放されたのち
民主化はいかに始動したか

1970〜80年代

国連脱退

キッシンジャーの対中外交が蔣介石を追い込んだ理由

1971年10月、「中華民国」＝台湾は、国連を脱退した。国連総会では、中国の国連復帰、台湾の国民党政府の追放を求めたアルバニア案が、賛成76、反対35、棄権17で可決されようとしたからだ。台湾側は、アルバニア案が採決されるまえに脱退を宣言し、メンツを守ろうとしたが、結局のところ追放同然であった。

台湾が国連を脱退、北京政府の中国が国連に加入したのは、米中接近によってである。この年7月、アメリカのキッシンジャー補佐官が秘密裏に訪中を果たし、中国の周恩来《しゅうおんらい》と会見ののち、ニクソン大統領訪中の予定を発表した。これに世界は驚愕《きょうがく》し、アメリカが長年、敵対してきた中国と和解の方向にあることを知った。

当時、アメリカはベトナム戦争に行き詰まり、ベトナム戦争からの撤退を模索していた。ベトナムを支援して

ニクソン政権時代のキッシンジャー

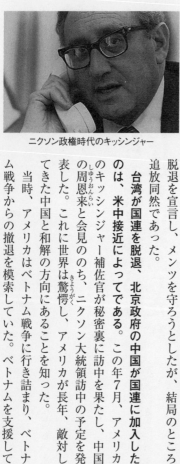

いる中国との和解は、アメリカにとってベトナム戦争から抜け出すひとつの道であった。また、今日の目で見るなら、キッシンジャーには北京政府の代弁者「パンダハガー」のような側面があり、彼のそうした志向が米中和解に向かわせたともいえる。ともあれ、アメリカは台湾よりも北京政府の中国重視にシフトしようとしたのだ。

長期的に見るなら、台湾が中国の代表として国連にあり、常任理事国となっていることに不自然さがあった。台湾＝「中華民国」は、小さな島国でしかない。**中国大陸を統治している中華人民共和国こそ、中国の代表にふさわしいと多くの国が考えたのだ。**

アルバニア案の決議にあたっては、西側のイギリスやフランスも賛成に回っている。反対に回ったのは、日本やアメリカであった。反対国が35しかなかったように、日本のような台湾重視派の国は少なくなってしまっていたのだ。

日台断交

日本国内で大いに支持されていた日中国交正常化

1972年、台湾の孤立化はさらに進む。2月、アメリカのニクソン大統領が約東どおり訪中を果たし、毛沢東や周恩来と会談した。この時点で、アメリカと台湾の国交は破棄されたわけではなく、国交は1979年まで維持されるのだが、アメリカが中台どちらを向いているのかは明らかだった。

つづいて、9月に**「日台断交」**となる。7月に首相に就任したばかりの田中角栄が大平正芳《おおひらまさよし》外相とともに北京に飛び、日中国交正常化を果たした。これに即して、**日本政府は台湾政府との外交関係を停止し、日華平和条約もここに終わったと宣言したのだ。**日本は、毛沢東の中華人民共和国を中国唯一の政府と認め、台湾の存在はうやむやにしたのである。

日本の対中接近、台湾との断交は、ひとつには現実に即すためである。すでに前年、国連からも台湾が追放されたように、世界では毛沢東の中国を唯一の中国と認め、台湾と断交する方向に向かっている。日本も、これに合わせたのだ。

さらに、日本政府は、日本の頭越しの米中接近に慌《あわ》ててしまっていた。日本も、米中接近に乗り遅れまいとし、対中接近を急いだのだ。

そこには、日本国内の世論の反映もある。前年、日本が国連総会で台湾追放に反対を投じたとき、国内では強い政府批判の声があがっていたからだ。

1970年代初頭、日本国内での中国と台湾に対する印象では、圧倒的に中国の

訪中し、毛沢東と握手するニクソン大統領

ほうがよかった。実際のところ、当時、中国は文革のさなかにあり、ひどい混乱状態にあった。それは台湾の言論弾圧、恐怖政治よりもずっと非人間的であったが、当時、ほとんどのマスコミは文革の現実を報道できないでいた。日本国内では、中国は文革を通じて清い国になると思われていて、毛沢東や周恩来を聖人のように尊敬する日本人も少なくなかった。

一方、多くの日本人にとって台湾はイメージの薄い国になっていた。かつて台湾を統治したことを知らない世代も現れ、台湾は「知らない国」と化していた。一部の知識人は、蔣介石の独裁を問題視していた。そんな台湾を中国と認めていた日本政府は、国民から突き上げられ、対中接近に動かざるをえなかったのだ。

一方、日台断交は台湾政府にとっては、大きな喪失感を伴った。日本とアメリカは台湾の成長の両輪であり、数少ない友好国であった。それが手のひらを返すように、ライバルである中国側に与《くみ》したのだ。以後しばらく、台湾では対日批判が繰り返される。

ただ、**日本政府は台湾と断交しながらも、民間での交流までも断絶させることはなかった。**日台の民間交流、経済でのつながりは、断交後もつづいていたのだ。

孤立化のなかで、なぜ本省人の要職起用がはじまったのか？

蔣経国の新人事

1971年の米中接近からはじまった台湾の孤立化は、その後、国連追放、日台断交とおよそ1年でより深刻化した。台湾が世界で孤立化しようという1972年5月、蔣経国は台湾維持のために手を打っている。

それが、新人事だ。**蔣介石より行政院長**（首相に相当）**に任じられた蔣経国が新たに閣僚を指名したとき、本省人を起用していったのだ。**行政副院長、内政部長官、

交通部長官など6つのポストに本省人を任命した。彼らは、かつて日本統治時代に、日本内地の大学を卒業した俊英であった。二・二八事件、白色テロの時代にもっとも狙われやすい知識人であったが、その過酷な時代を生き延び、台湾政府の中枢に起用されたのだ。

それまで台湾政府の要職は、外省人の独占に近かったが、蒋経国は実力主義で、本省人を採用した。これにより、閣僚の平均年齢が大きく若返りしている。

新人事は、中央のみにとどまらず、地方でもおこなわれ、実力主義に基づいていた。一県長から直轄市の市長へといった抜擢《ばってき》人事もあった。

李登輝もまたこの人事で抜擢を受けていて、行政院の政務委員に任じられている。すでに前年、帰国した李登輝は台湾の農業問題について蒋経国から質問を受けていて、蒋経国に認められていた。蒋経国は李登輝をただの農業学者ではなく、政治家として見込み、引き上げようとしていたのだ。

蒋経国による大胆な新人事の狙いは、台湾人の結束にもあった。孤立化を避けられなくなった台湾をこのまま放置するなら、国自体が無気力状態に陥り、国力の低下を招きかねない。ゆえに**この困難な時期にあって、台湾人の団結を促し、とくにこれまで冷遇されてきた本省人に政治中枢での活躍を求めた**のだ。

たしかに本省人には、白色テロへの恨みがある。国府に対する不信ももちつづけてきたが、彼らもまた台湾で生きてきた。その台湾を守り豊かにするには、本省人であれひと肌脱ごうという気になっていたのだ。それは、台湾が台湾になるための一歩でもあった。

台湾の未来を変えた蔣経国の覚悟と決心

十大建設

台湾の孤立化のなか、新人事につづいて蔣経国が打った手は、「十大建設」である。1973年12月、蔣経国は大規模な公共投資によって、10項目の経済インフラ建設を果たすと提起した。

「十大建設」とは、台湾を縦断する南北高速道路「中山《ちゆうざん》高速公路」、新国際空港である「中正《ちゆうせい》(桃園《とうえん》)国際空港」、鉄道北廻線、鉄道電化、台中港、蘇澳《すおう》港という6つの交通建設に、大製鉄所、石油化学工業、大造船所、原子力発電所などの建設を加えたものだ。

これまで、台湾には日本統治時代以来のインフラはあったものの、今後の経済成長を構想するなら、より近代的かつ大型の経済インフラを必要としていた。孤立化する台湾が国力を充実させるためにも、大規模なインフラ建設は必要だった。

それは、台湾を充実させるしか台湾に生き残る術《すべ》はないという蔣経国の決意の表れでもあろう。それまで国府の蔣介石はつねに「大陸反攻」を唱え、台湾はそのための仮の基地扱いの側面もあった。蔣経国は、台湾を仮住まいとはせず、台湾で生き抜くため、台湾の充実を図ろうとしたのだ。

すぐには総統にならなかった蔣経国の深謀遠慮

蔣介石死去

1975年、台湾では蔣介石総統が87歳で没した。かつて大陸の中華民国で最高指導者だった政治家は、落ち延びた先の台湾で独裁者として世を去った。

蔣介石没後、蔣経国主導のもと、喪《も》に服した。新聞は蔣介石の死を「崩御」と伝えていた。日本では天皇陛下の死を「崩御」と伝えるように、蔣介石は台湾で「皇帝」並みに扱われていた。

蔣介石の没後1か月、軍人、公務員らは喪章をつけ、軍や学校では半旗を掲げつづけねばならなかった。娯楽施設は1か月間、営業を停止し、テレビ局は白黒の映画を流したというから、服喪《ふくも》のありさまは1989年の日本における昭和天皇崩御

蔣介石の事績を記念する中正紀念堂

以上であった。

その後、蔣経国は蔣介石の偉業を記念するために、台北の中心に「中正紀念堂」を建設している。それは、社会主義の建築物を彷彿《ほうふつ》させるような巨大なモニュメントであった。蔣介石は、その死後も台湾に君臨しつづけたといっていい。

蔣介石の死は、台湾国内にあって、ある意味、カリスマの死であり、そこから台湾の住人は暗い未来も見た。すでに台湾は世界的に孤立し、同じ年（1975）の4月、南ベトナムのサイゴンがホーチミンの北ベトナムに陥落させられている。ベトナムは共産国家として統一され、アメリカは支援してきた南ベトナムを見捨てていた。**蔣介石なき台湾は、明日の南ベトナムとも思わ**

れていたのだ。

蔣介石の死は、台中のひとつの時代が終わったことを告げようとしていた。翌1976年、中国大陸ではまず周恩来が死去、つづいて毛沢東も世を去った。蔣介石、毛沢東というそれぞれの中国の最高指導者、ライバルが死去したことで、台湾と中国は新たな時代に突入していった。

また、蔣介石の死後、蔣経国はすぐに総統にはなっていない。新たな総統に就任したのは厳家淦《げんかかん》であった。彼は中継ぎ役となり、任期を満了してのち、蔣経国に総裁の座を譲っている。

蔣経国が、父・蔣介石の死後すぐに総統に就かなかった理由は、おそらく、義母である宋美齢を牽制するためだろう。蔣介石夫人、つまりファーストレディであった宋美齢は、ことのほか権力を好む。彼女は、自らが蔣介石の後釜に就くことを狙っていて、そのための画策《かくさく》もしていた。

蔣経国はこの権力欲の強すぎる義母を疎《うと》ましく思っていて、彼女を指導者にしたくなかった。そこで、総統の座をいったんは蔣家から手離してしまったのである。台湾は蔣家の国ではないといったのも同然だから、宋美齢も手の打ちようがなかったのだ。

市民が起こした焼き打ちを警察が鎮圧しなかった理由

1970年代、孤立化が進む台湾内にあっても、民主化や自由を求める動きがひそかに蠢《うごめ》きつづけ、表にも出てくる。台湾が豊かになり、発展すれば、そこに民主化の動きは表れることは避けられないことでもあった。圧倒的な独裁者であった蔣介石という重しがとれたことも、民主化への動きにつながっていた。

蔣経国も、そうした流れをつかみ、新たなステージに移行しようとした。それが、1977年の地方公職者選挙となる。それは台湾全省と台北市での地方統一選挙であり、台湾史上初の大々的な選挙であった。蔣経国は、本省人に、地方議会や首長への進出の機会を与えたのだ。

それは、**「中壢《ちゅうれき》事件」**という思わぬ暴動事件を勃発もさせている。「中壢事件」を語るうえで、重要なのは、**「党外人士（無党無派。略して、党外とも）」**の存在である。「党外人士」とは、国民党に属さない人物、とくに政治家や言論人をいう。

1960年に潰された雑誌『自由中国』では反対政党の必要性を説き、党外人士の存在を求めていたが、台湾では封殺されてきた。

ところが、1977年の地方公職者選挙では、党外人士が登場してきたのだ。とくに注目されたのが、桃園県長の選挙である。党のホープと目されてきた許信良《きょしんりょう》が党を批判し、国民党候補に指名されないという事態が勃発した。その結果、許は脱党宣言し、党外人士として選挙に挑んだのだ。ここで国民党は、許信良の当選を阻止するために、妨害工作をおこなったとされる。

開票にあっては票の不正操作もあったとされ、これがニュースで報じられると、許信良を支持する中壢市民が集まり、警察分局を包囲して、ついには警察分局や車両を焼き打ちにした。

これに対して、警察は怒る群衆への発砲を抑え、撤退していった。それは、警察に住人と争う意志がなかったからとも、蔣経国の指示によるともいう。**蔣経国は、1947年の「二・二八事件」のような流血の事態を恐れ、回避しようとした**と思われる。

蔣経国は、すでに本省人に道を開いている。1977年の地方公職選挙もそうであり、ここで本省人相手に流血事態を起こせば、これまでの本省人のための政策が水泡に帰しかねない。ふたたび本省人と外省人が激しく対立する台湾に戻ろうものなら、もう孤立化した台湾には明るい未来はない。これまで蔣経国は特務を運営し、多くの本省人を殺《あや》めてきた。その蔣経国が、台湾生き残りのために、方法をあらためたのだ。

結局、桃園県長の選挙では、許信良は22万票を得て、当選する。そればかりか、この地方選挙にあっては、「党外」は200名に迫る多くの当選者を出していた。党外の多くは、本省人であった。選挙での躍進もあって、台湾の住人はより民主化に関心をもち、勢いづく。

なぜ新総統は、国内で幅広い支持を得られたのか?

蔣経国総統

「中壢事件」を引き起こした1977年の選挙の結果、つまり党外人士の躍進は、台湾の住人を高揚させていた。そんななか、1978年5月、蔣経国がついに総統の座に就く。ただ、祝賀に参加した外国の使節は、わずかに20名を超える程度にすぎなかった。いかに、台湾が孤立しているかを象徴するような祝賀であった。

台湾内においては、蔣経国の総統就任は歓迎すべき出来事だったと思われる。蔣経国に、一定の人気があり、台湾における希望の星でもあったのだ。

蔣経国は、日本では過小評価されてきた人物だろう。1972年の日台断交以後、日本人がもっとも台湾に関心の薄くなった時代の政治家だったことも一因だ。

蔣経国は、日中戦争を戦った父・蔣介石と、日本でも人気のあった李登輝に挟まれた時代の政治家でもある。独裁の蔣介石、民主の旗手《きしゅ》である李登輝は、まったくかけはなれた世界の人物である。その間にある蔣経国の時代とは、いったいなんだったのかじつにわかりにくい。

さらに後年、李登輝の存在が輝くほどに、蔣経国の存在は薄れる。せいぜい李登輝を取り立てた政治家という扱いだ。

けれども、**蔣経国は台湾の住人、とくに本省人にも支持を得た政治家なのだ。**そこには、彼の人となりもある。蔣経国は、尊大な父・蔣介石と違い、気さくな人物であった。それも、住人の生活や考えを知るのに熱心な政治家であった。

蔣経国は野球帽を被りラフな姿で、自らクルマを運転して、台湾じゅうを回った。田畑に座り込んで農民たちと話し、安食堂にも平気で飛び込んだ。水害視察の折には、平気で泥水のなかに足を突っ込んだ。

蔣経国は、分け隔てをせず、政治家としては、実力重視であった。だから、彼は積極的に本省人も登用した。

蔣経国は特務のボスであり、台湾に監視社会を張り巡らせてきた人物でもある。

ただ、ソ連時代に関していうなら、蔣経国は半ば懲罰の意味で、農村や工場で労働させられている。貧しい生活を体験し、老女の世話になってなんとか生活できたこともある。そんな体験は、彼を民情のわかる人間にしたともいえる。

蔣経国は台湾を監視社会にした一方、台湾の住人の生活を向上させる政治家たらんとしてきた。経済建設を重視し、台湾を豊かにもしてきた。国民党支配を憎む本省人だって、誰が自分たちの生活をよくしてくれたかくらいわかっている。だから、蔣経国は台湾で人気のある政治家になっていったのだ。

ただ、**蔣経国に「民主化」の意味がどれだけわかっていたかは不明である。**多感な時代に共産主義を叩き込まれた彼は、アメリカ型民主主義をどれだけ理解できたか。これに関しては、後世の政治家に委《ゆだ》ねるほかなかったのだ。

蔣経国時代、本省人にはさらなる希望が見えていた

新総統の新人事と選挙

蔣経国は、総統就任にあっても新人事に手をつけている。行政院副院長や政務委員など閣僚のポストに6人の本省人を抜擢している。いずれも日本統治時代に教育を受けてきたエリートであり、台北帝国大学の出身者もいれば、東京帝国大学や早

稲田大学の卒業生もいる。さらに、台北市長には李登輝を任命している。
すでに蔣経国は、1972年の新人事で李登輝をはじめ本省人を起用する新人事をおこなってきた。加えて、1977年の地方選挙でも、本省人の党外人士たちが多くの議席を獲得している。これを受けて、**蔣経国は、本省人をさらに取り込んだ新たな体制をつくりあげていったのだ。蔣経国の新人事は、本省人を期待させるものであったといっていい。**

その期待は、次なる選挙にも向けられていた。同年12月28日には、中央民意代表（台湾地区立法委員と国民大会代表）の選挙がおこなわれる予定になっていた。中央民意代表は本省人のために増員されていて、「党外人士」にとっては、1977年の選挙につづく躍進のチャンスであった。台湾内では、民主化への効力感と高揚感が高まり、1978年12月の選挙はまたも台湾を大きく動かすと思われた。

この時代、すでに政府批判をおこなう党外の者らも現れていた。「われらの民権は、すべて国民党に剝奪された」「戒厳令の実施により憲政は置き去りにされ、民主がたんに空談義《からだんぎ》にすぎないことは民権に反する」といった主張がなされ、国民党を怒らせていたが、国民党は昔のように弾圧はできなかった。

だが、1978年12月に予定されていた選挙は、急遽、停止となる。12月15日、

アメリカが台湾との断交に動くと発表したからだ。その衝撃によって、蔣経国の国府にとって、選挙どころではなくなったのである。

ただ、選挙に向けての高揚、期待は残ったままであり、それが1979年の高雄《たかお》（美麗島《びれいとう》）事件の悲劇にも向かう。

戦略家・鄧小平の前に敗れ去った蔣経国の外交

米台国交断絶

台湾と断交したカーター大統領

1978年12月15日、台湾のもっとも恐れていた事態がはじまりを告げていた。アメリカの**カーター大統領が、1979年1月1日をもって台湾との外交関係を解消すると宣言したからだ。**つまり**「米台相互防衛条約」は破棄**され、アメリカは代わって中国との間に国交を結んでいくことになる。1971年のキッシンジャー訪中以来、アメリカは台湾に冷淡となり、中国へ向こうとしてきたが、1978年末、それが完全に明らかとなったのだ。

それは、中国の鄧小平《とうしょうへい》外交の勝利でもあった。毛沢東なき中国では、1978年、鄧小平が実権を掌握する。彼は改革・開放路線を唱え、同年10月には日本を訪問する。米中国交のなった翌1979年1月には、アメリカを訪問している。

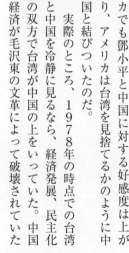

毛沢東に代わる新たな中国の指導者・鄧小平には、西側の多くの国は好感を抱いた。彼は毛沢東時代に、資本主義経済の一部導入を図ったこともあり、資本主義経済の理解者とも思われていた。鄧小平が改革・開放路線をとるなら、中国は「開かれた国」となり、やがて民主化するだろうと期待した。

西側に好感を与えた鄧小平

西側諸国のそうした期待はいまとなっては淡《あわ》い夢想でしかなかったが、1978年、西側諸国は新たな指導者・鄧小平の新路線に魅せられていた。日本でもアメリカでも鄧小平と中国に対する好感度は上がり、アメリカは台湾を見捨てるかのように中国と結びついたのだ。

実際のところ、1978年の時点での台湾と中国を冷静に見るなら、経済発展、民主化の双方で台湾が中国の上をいっていた。中国経済が毛沢東の文革によって破壊されていたのに対して、台湾は数十年にわたって経済成長をつづけてきた。中国の鄧小平がけっして民主化を認めなかったのに対して、蔣経国はすでに台湾で開かれた地方選挙を実施している。

ただ、西側諸国の多くは台湾と国交がなく、台湾の変化を知らなかった。相変わらず蔣経国の過酷な独裁がつづいていると見なしてきた。たしかにいまだ蔣経国の独裁国家ではあったのだが、台湾は変わろうとしていた。

西側諸国はそうした台湾の変化に気付くことなく、鄧小平の中国の劇的な変化に眩惑《げんわく》され、夢を見ていた。1980年代は台中は鄧小平と蔣経国の時代になるが、鄧小平は蔣経国よりもはるかに輝いて見え、台湾はくすんだイメージで見られていたのだ。

「アメリカの目」が、台湾に民主化を意識させつづけていた

台湾関係法

1979年1月、アメリカは台湾と正式に断交したが、台湾を完全に見捨てたわけではなかった。同年4月、アメリカは「台湾関係法」を発効させている。

「台湾関係法」とは、アメリカの国内法であり、台湾政府と結んだ条約ではない。「米

台相互防衛条約」に代わるものではないが、それでも台湾の将来を見据え、必要に応じて台湾を保護するともしている。要は、**大統領が台湾を守る必要があると見なせばアメリカは台湾を守るし、大統領がその必要性なしと見たなら、アメリカは台湾に対して何もしない**というものだ。

では、「台湾関係法」のなかでアメリカが台湾の何に注視しているかといえば、台湾の住人の人権に対してである。「台湾関係法」には、「台湾住民の人権擁護《ようご》」がうたわれている。「**すべての台湾住民の人権を守り、かつこれを促進する合衆国の目的をここにあらためて表明する**」とある。つまり、台湾が住民の人権を擁護するような国になるなら、アメリカ大統領は台湾の保護に動くだろう。けれども、台湾政府が住人の人権を無視するなら、アメリカは台湾を見捨てると暗に示唆しているのだ。

「台湾関係法」は、蒋経国の国府にすればアメリカの保護を得られるという意味で、頼みの綱である。と同時に、民主化、人権擁護を進めないと、アメリカは台湾から離れていくという警告でもある。それは、台湾の住人にとっては民主化、自由化への強い後押しでもあれば、政府に強い圧力をかけるものでもあった。

こののちも、台湾の国府の方針は揺れ、住民と対立もする。対立しながらも、国府は民主化の方向に向かわざるをえなくなっていくのだ。

米台断交後、蔣経国が取らざるをえなかった言論規制緩和

『美麗島』

1979年、米台断交後、蔣経国の国府は揺れていた。蔣経国は民主的な方向に動こうとする一方、民主化の広がりを食い止めようともしていた。

それが、同年1月の「余登発事件」にもなる。**「余登発事件」とは、クーデター未遂事件なのだが、じつは当局による民主化押さえ込みのためのでっちあげ事件ともいわれる。**

余登発は前高雄県長であり、党外の大物となっていた立法委員・黄信介《こうしんかい》の支持者であった。加えて「中壢事件」で有名になった桃園県長である許信良の親戚でもあり、党外色が強かった。その余登発を、反乱を企んだとして、スパイ罪で逮捕、軍事裁判にかけたのだ。

裁判では、余登発の女婿《じょせい》・呉春発が出廷し、自らが中国共産党のスパイであると証言。中国共産党の指導者・華国鋒《かこくほう》の指示を受けて、義父である余登発を焚《た》きつけて、台湾南部で反乱を起こそうとしたと陳述したのである。

ただ、呉春発の証言がテレビで放映されたとき、視聴者はこれが演技ではないかと疑った。裁判では余登発は有罪となるが、台湾内の党外人士たちはこれに怒り、台湾では余登発救援のデモがおこなわれた。戒厳令が敷かれてのち初めての公然たる抗議デモである。その後、証言者となった呉春発は処刑されているが、これは口封じのための処刑と見られている。

蔣経国は、この拙劣《せつれつ》な「余登発事件」にどれだけ関わっていたかは不明だが、彼は**民主化の広がりを押さえ込もうとしながらも、言論統制を緩めている。**

蔣経国は政党の設立を禁じつづける一方で、出版物の刊行は大目に見るようになった。そこには、台湾の住人が何を考えているのか知りたいという狙いもあったようだ。

そこから1979年、『美麗島』『八十年代』という雑誌がつづけて創刊されている。とくに読者を獲得したのが、『美麗島』である。『美麗島』は、立法委員である黄信介が発行し、許信良が社長となった。その論陣は、国民党に批判的であり、台湾の民主化、自由を目指すものであった。『美麗島』は10万部も売れ、台湾内で無視できない言論勢力にまでなったのだ。

なぜ、弾圧されたデモが民主化の一里塚になったのか？

高雄事件

雑誌『美麗島』の人気は、しだいに蔣経国の国府には脅威と映るようになる。国府は『美麗島』を敵視し、特務の関係者とおぼしき者たちが「美麗島雑誌社」に嫌がらせをはじめるようにもなる。

これに対して、『美麗島』の発行人・黄信介は大々的な大衆動員を仕掛ける。1979年12月10日、「国際人権デー」に合わせて高雄で大規模な集会を開いたのだ。これが、「高雄事件」という弾圧事件に発展する。

もともと国府は台湾における5人以上の集会を制限し、許可制にしている。そこに、いきなり数万人規模の集会である。「美麗島雑誌」社の黄信介は、あらかじめ集会の許可を国府の保安部門に申請していた。当初、その申請が受け入れられたとも、ついには許可されなかったともいわれる。

ともかく当日、集会がおこなわれ、松明《たいまつ》を掲げたデモ行進もはじまった。そんななか保安警察がデモ隊と衝突、力によってデモ、集会を終わらせてしまった。これが、「高雄事件」の1日である。

この高雄での衝突の3日後から、当局による関係者の逮捕がはじまる。およそ150名が逮捕となるか、あるいは自首し、**『美麗島』『八十年代』は廃刊に追い込まれた。**

ただ、国府は逮捕者の多くをすぐに釈放している。アメリカからの圧力があり、国府も手を緩めざるをえなかったのだ。裁判は、国内はもちろん海外のマスメディアに公開された。裁判では、雑誌に関わっていた施明徳《しめいとく》に無期懲役、黄信介には懲役14年の刑が宣告されている。

高雄事件で逮捕された施明徳

「高雄事件」の最大の暗部といえば、裁判中の1980年2月28日、被告・林義雄《りんぎゆう》の母と娘が惨殺されたことだ。事件は真っ昼間の出来事であり、被告人宅は24時間体制で警察の監視下にあったとされる。にもかかわらず、惨劇が発生、手がかりも何もないことから、犯人はわからずじまいであった。

事件のあった2月28日といえば、「二・二八事件」の記念日である。本省人にとっては忘れがたい悪夢の日である。この日を狙っての犯行は、白色テロを彷彿《ほうふつ》とさせ、見せしめであったと推察される。この事件に蔣経国がどれだけ関わってきたかは不明だが、蔣経国の育てた特務の体質を物語っている。

「高雄事件」が物語っているのは、ひとつには**台湾の住人が民主を望みながらも、大規模な大衆動員を伴うような急速な改革を強くは望んでいないこと**である。だから、保安警察が鎮圧にかかったとき、大規模な流血劇にまで発展しなかった。黄信介は大規模な大衆の支持をバックに政府を威圧しようとしたが、台湾の住人はもっと慎重であり、穏健であったのだ。

たしかに台湾の住人の少なからずは、国府に不満を抱いている。けれども、国府が台湾を経済成長させ、豊かにしてきたことも事実だ。しかも、蔣経国の国府は、本省人の登用もはじめている。住人を取り巻く環境は少しずつ改善されているわけで、過激な大衆運動に積極的に飛び込む必要はなかったのだ。

弾圧に終わったとはいえ、**「高雄事件」が、台湾の民主化への一里塚になっていることもたしかだ。**大きかったのは、裁判を公開したことだ。被告の弁護士には、のちに台湾総統ともなる陳水扁《ちんすいへん》や謝長廷《しゃちょうてい》の姿があり、マスコミを通じての彼らの言説は台湾の住人に影響を及ぼした。彼ら弁護人の少なからずは、その後、党外人士となり、政治家にもなっている。

また、1980年の立法委員選挙においては、逮捕された被告の家族らが立候補し、当選している。党外からは16名の当選者を出していて、着実に台湾の党外運動は成果をあげてもいるのだ。

TSMCを生んだ「台湾のシリコンバレー」始動の背景 ―― 新竹サイエンスパーク

台湾では、1980年に新竹《しんちく》サイエンスパーク（新竹科学工業園区）が始動している。新竹サイエンスパークは、「台湾のシリコンバレー」である。台湾のハイテク産業育成のために設けられた工業区であり、台湾の新たな成長エンジンとなるものだ。

それは、1970年代の経済成長とその限界への認識から生まれている。台湾は1970年代も加工輸出貿易によって大きな経済成長を遂げてきたものの、石油価格の高騰や労賃の上昇を体験していくうちに、高付加価値型の産業の育成が重要となることが見えてきた。その高付加価値産業の育成の場が、新竹サイエンスパークとなる。

半導体事業で世界をリードするTSMC

新竹サイエンスパークに集められたのは、情報産業、精密機械、農業機械、自動車部品、電気器具などの業種である。政府はこれらの業種の企業を誘致し、土地や施設を提供した。

やがて新竹サイエンスパークから育つのが、台湾積体電路製造（TSMC）である。ＴＳＭＣは、半導体受託製造企業（ファウンドリ）として１９８７年に新竹に創業。いまやＴＳＭＣは世界屈指の半導体企業であり、台湾を代表する企業になっている。

新竹サイエンスパークの設置もあって、台湾経済は１９８０年代も成長を遂げている。成長率は年６～19％とばらつきがあるものの、この時代に台湾は韓国、シンガポール、香港とともに「アジアの四小龍《よんしょうりゅう》」

とも呼ばれるようになっていた。

鄧小平が仕掛けてきた新たな平和的外交

一国二制度

蔣経国の時代、台湾に対して積極的な外交攻勢を仕掛けてきたのは、鄧小平の中国・北京政府である。改革・開放路線に舵を切りはじめた中国は、台湾に対してガラリと態度を変えてきたのだ。

鄧小平は、「われわれはもう『台湾を解放する』という表現は使わない」「台湾の政治体制はいまのままでよい。社会体制を変えなくてもよい。独自の軍隊をもってよい。しかし青天白日旗《せいてんはくじつき》は降ろしてもらう。中国の国旗を掲げろとはいわない」などと語っている。

中国のソフト路線は、1981年の葉剣英《ようけんえい》による9項目の提案ともなっている。これは中国が提案した中台統一案であり、ここに「一国二制度」の構想も盛り込まれている。

「一国二制度」とは、一国内でも異なる経済制度を採用する地域があってもかまわないというものだ。つまり**社会主義経済を掲げる中国のなかに、資本主義経済の台**

湾があってもかまわないということだ。

中国が「一国二制度」を提案できたのは、すでに中国が資本主義経済を採り入れはじめていたからだ。そのため、中国と台湾は経済制度の面で融和しやすくなっていた。鄧小平の中国は、経済の共通性を梃子《てこ》に台湾吸収を狙ったのだ。

鄧小平は、経済のみならず、政治的にも中華人民共和国と蔣経国の台湾を同質の国家であると見なしていた。すでに述べたように、鄧小平と蔣経国はモスクワの孫逸仙大学で学んだ経験がある。鄧小平は資本主義経済に理解があったとはいえ、根っこは共産主義者である。鄧小平は同じように蔣経国を理解し、蔣経国の根っこにも共産主義があると見ていたのだろう。共産主義を根っことする者の指導する国家同士なら、融和はしやすい。

象徴的なのは、当時の中国も台湾も一党独裁国家であるところだ。中華人民共和国は共産党の、そして台湾は国民党による一党独裁型国家だ。蔣経国は台湾において、「中壢事件」や「高雄事件」を経験しても、なお国民党以外の政党を認めようとはしていない。ここに鄧小平は、蔣経国を一党独裁の仲間とあらためて認識していたのである。

鄧小平とて、のちの第二次天安門事件に見られるように、中国共産党以外の政党者」「一党独裁の堅持」という点で通じあえると見なし、ソフトな路線で台湾の引き入れを狙っていたのだ。

蔣経国は、なぜ中国の「一国二制度」を無視したのか?

三不政策

1980年代前半、鄧小平の中国は「一国二制度」を掲げて、ソフト路線で台湾の取り込みを仕掛けてきた。これに対して、蔣経国が採ったのは、「三《さん》不《ふ》政策」である。「三不政策」とは、**中国とは「接触せず」「交渉せず」「妥協しない」**という外交政策だ。事実上、**中国の「一国二制度」による台湾吸収の拒否**である。

蔣経国が「三不政策」により鄧小平の中国を退けたのは、ひとえに台湾の独立を守るためだった。すでに述べたように台湾と中国は、資本主義を採り入れた一党独裁国家として、よく似ている。「一国二制度」をもとに中国と台湾が交渉するなら、同質ゆえに、大きな中国に小さな台湾は呑み込まれてしまうだろう。

しかも、1980年代の中国はいい意味で国際社会から注目された存在だった。中国が豊かになれば、いずれ民主主義に移行すると期待され、西側諸国から中国は大きな支援も受けてきた。一方、台湾は世界で孤立する一方である。人気者の中国がソフト路線で台湾吸収を仕掛けるなら、世界は中国を支援するだろう。ならば、蔣経国は中国に取りつく島を与えないよう、「三不政策」を打ち出したのだ。

蔣経国が中国による台湾吸収をよしとしなかったのは、彼に台湾への愛着が育っていたからでもあろう。この時代、蔣経国はすでに70歳を超えていた。しかも、台湾での生活は35年を超え、中国やロシアで過ごした時代よりも長い。彼にもまた「台湾人」意識が芽生え、育っていた。

ただ、**台湾政府が「三不政策」を採りながらも、現実には台湾と大陸間の経済交流ははじまっている。**それはしだいに活発化し、1985年には台湾と大陸間の貿易を黙認するほどになっている。さらに1987年には「探親（里帰り）」を解禁、蔣経国の晩年には台中の交流はさかんになりはじめている。

蔣一族による台湾支配を断念させたスキャンダルとは

江南暗殺事件

1984年、アメリカで台湾政府の屋台を揺るがすような殺害事件が発生している。中国大陸出身のアメリカ籍作家の江南が、サンフランシスコ郊外の自宅前で殺害されたのだ。

江南はペンネームであり、本名は劉宜良。彼は中国大陸から台湾に渡り、台湾では蔣経国に仕えることもあった。彼はアメリカに移住ののち、１９８４年に『蔣経国伝』を執筆している。

『蔣経国伝』は、蔣経国の人となりや政治家としての来歴を描き、政治家として評価すると同時に、批判もしている。公正中立の立場からの伝記ともいえるが、その批判的な部分が台湾の特務関係の怒りを買ったようだ。実際に犯行に及んだのは、台湾の暴力団「竹聯幇《ちくれんほう》」の陳啓礼《ちんけいれい》らだが、背後には台湾政府があることがしだいに判明した。

事件の黒幕は、台湾の国防部情報局長・汪希苓であったとされる。そこに、蔣経国の次男・蔣孝武《しょうこうぶ》も絡んでいたという疑惑も浮かび上がった。

蔣経国はただちに汪希苓、陳啓礼ら事件の関係者を処断したが、それでもこの事件が蔣経国と台湾に与えたダメージは大きかった。台湾は「暗黒国家」と見なされ、その地位を落とした。**蔣経国は、批判的な者の殺害も厭《いと》わない独裁者と見なされ、ただでさえ孤立化していく台湾がより孤立化してしまったのだ。**

江南殺害事件は、「蔣経国後」にも影響を及ぼしている。蔣経国の次男・蔣孝武も事件に加わっていたという噂が立ったからだ。これはデマであるともいわれるが、デマであれ真実であれ、蒋経国は蒋孝武の処遇にも手をつけねばならなかった。蒋経国は蒋孝武をシンガポール商務副代表に任命し、台湾から遠ざけた。もともと蒋孝武は、蒋経国のライバル・宋美齢に懐柔《かいじゅう》されているところがあり、蒋経国は蒋孝武を「切り」やすかったと思われる。

ただ、問題は蒋孝武を国外に追いやるだけでは終わらなかった。蒋経国はその後、2度にわたって「蒋家の人間が権力を継承することはない」とまで断じている。つまり、蒋経国は、息子への権力継承を断念したのだ。

蒋経国には、ロシア人女性ファイナ（蒋方良）との間に、3人の男子がいた。ただ、長男の孝文は病弱であり、早くから政治の世界から消えていた。そのため**次男の孝武が後継者とも見られていたが、江南事件によって彼の目も消えた。**では、3男の孝勇はというと、このののち、父・経国の補佐に当たるが、結局のところ、後継者にはなれなかった。まだ30代であり、政治的に未熟であった。

1980年代、蒋経国の健康状態は悪化していて、気力も衰えつつあった。蒋経国は後継者選びにかからなければならない時代を迎えていたが、結局、本命は不在のまま1988年に没することになる。

それでも、蔣経国は後継者のための地ならしをしている。ひとつには、1983年の王昇の左遷である。1980年代初頭、蔣経国が病床にありがちだった国府のなかで実権を有していたのは、王昇であった。王昇は40年もの間、蔣経国の腹心であったことが自慢であり、専横がすぎた。蔣経国は王昇をウルグアイ大使として国外に追い出し、専制的な人物が出ないようにしていた。

1984年、蔣経国は李登輝を副総統の座に引き上げている。ただ、それは李登輝を後継者と見据えたからではなく、本省人を副総統にすることで、本省人のプライドをくすぐり、本省人の心を引き寄せたかったからだろう。

蔣経国には、李登輝は有能だが、無難な政治家に見えた。自らに逆らうこともなさそうだ。だから、副総統に置いたままで、それ以上ではなかった。この人事こそが台湾の大変革につながろうとは当時、誰も予測できなかっただろう。

隣国の民主化革命の波が台湾にも激震を走らせた

フィリピン2月革命

1986年は、台湾が民主化に向かって大きく踏み出す年になる。それは内部からの民主化運動の高まりの結果でもあるが、外部からの強い影響、圧力によってでもある。さらにいうなら、東アジアの民主化という、世界的なうねりのなかに台湾は巻き込まれつつあったからだ。

台湾の民主化を強く望んでいたのは、アメリカだ。当時、アメリカは台湾のみならず、東アジア方面でアメリカの影響力の強い国家の民主化を求めていた。1970年代初頭、日本を除く東アジアの非共産国は、独裁政権下にあった。韓国では朴《パク》正熙《チョンヒ》大統領の強権政治があり、フィリピンではマルコス大統領の腐敗した専制があった。西側の民主主義社会のボスを自任するアメリカには、それが不快極まりなかった。

とくに1984年の江南殺害事件は、アメリカにとって自国民が台湾の特殊工作員に殺害されたようなものであり、腹に据えかねていた。江南事件を機に、台湾で住人に対する弾圧がおこなわれていると報道されたから、アメリカの世論も台湾の民主化を求めた。1984年、アメリカの下院外交委員会アジア太平洋小委員会で、台湾の戒厳令解除、民主化の促進、人権の保障の勧告が決議されている。

そうしたなか、民主化はフィリピンで劇的なかたちで動いていた。フィリピンでは1983年、マルコス大統領の独裁に対する批判者であったアキノ元上院議員が、暗殺されている。アキノは大統領を目指し、アメリカから台湾の中正国際空港経由で帰国する。そして、マニラ国際空港のタラップでアキノは暗殺されたのだ。

１９８６年、フィリピンでは大統領選がおこなわれ、亡きアキノの妻コラソンとマルコスが争う。マルコス陣営の選挙での不正が暴かれると、国内では住人たちが大規模な反マルコス運動を展開、軍までが反マルコスに回った。これにより１９８６年2月、マルコスはアメリカへ亡命、コラソン・アキノが大統領となった。

このフィリピン２月革命は、台湾の住人をも高揚させていた。一方、アメリカが**マルコスを見捨てたことに、次は自分の番かと蔣経国は恐怖しただろう。**台湾内でも、さらなる民主化の声が高まるなか、アメリカでは有力議員らによる「台湾民主化促進委員会」が結成され、台湾政府に戒厳令の解除を呼びかけている。蔣経国も、決断を迫られていたのだ。

国民党政府はなぜ一党独裁を事実上放棄したのか？

民進党の誕生

１９８６年９月28日、台北の豪華ホテル、圓山《えんざん》大飯店では「民主進歩党（民進党）」の結党が宣言された。ここに、台湾初の野党が生まれたのだ。

民進党が成立したのは、党外人士たちの結束による。これよりまえ、台湾内では党外人士たちがいくつかの組織をつくり、国民党に対抗しようとしていた。これら組織が合体し、民進党を誕生させたのだ。

これに対して、蔣経国の国府は曖昧な態度をとっている。国府は、民進党を承認はしないが、取り締まりもしないとしたのだ。

蔣経国の国府は「党禁」を国是《こくぜ》のようにし、たびたび結党を禁じ、暴力的に取り締まってきた。けれども、アメリカからの圧力、東アジアの民主化のうねりのなかで、もはや暴力的な禁圧は無理と判断した。国府は、何よりアメリカに見捨てられることを恐怖し、妥協せざるをえなかったのだ。**台湾では、なしくずし的に野党が成立していったのだ。**

じつのところ、蔣経国総統は、1986年初頭、フィリピンで反マルコス運動が盛り上がるさなかの時点で、野党の結成をやむをえないと思っていたようだ。産経新聞論説委員・河崎眞澄著『李登輝秘録』によるなら、同年2月、蔣経国は李登輝に対して、「新年度（春節明け）に党外人士と意志疎通のパイプをつくり、本人（李）が参与せよ」と訓示したという。つまり、野党を容認し、野党とのパイプ役に李登輝を当てているのだ。蔣経国が民進党を取り締まらなかったのは、じつは政府中枢では既定路線だったことになる。

戒厳令の解除

もはや時代の趨勢に抗えなくなった蔣経国の決断

蔣経国率いる国府は、1986年、民進党の結党を黙認した。翌1987年7月には、戒厳令を解除している。これにより、**世界一長い、38年もつづいた戒厳令時代は終わっている。**

つづいて1988年1月には、「報禁」を解除している。「報禁」とは、1948年からはじまっていて、戒厳令よりも長い。新たな新聞社を設立してはならず、現在、発行している新聞の紙面を増やしてはならないという禁令である。国府による言論統制のひとつであったが、**国府はついに言論統制も諦めた**のだ。

蔣経国は、70代後半を迎え、体力、気力も衰えていたようだ。すでに時代に抗《あらが》えないことにも気付かざるをえなかった。

世界を見るなら、強権で知られた全斗煥《チョンドファン》政権の韓国では1987年6月、盧泰愚《ノテウ》大統領候補が「六・二九民主化宣言」を発表している。そこには大統領の直接選挙のための憲法改正、公正な選挙の保障、金大中《キムデジュン》をはじめとする政治犯の復権などが盛り込まれていた。

これにより、同年12月の大統領選挙に金大中の出馬を認めたことになり、韓国は大胆に変わろうとしていた。台湾の戒厳令解除は、韓国の「民主化宣言」のすぐあとのことだ。韓国の12月の大統領選挙は、韓国史上初の民主的な直接選挙となり、盧泰愚が当選している。台湾の報禁解除は、これを受けてのものだろう。

この時代、ソ連では、ゴルバチョフが登場、ペレストロイカ（改革）を推し進め、国家と党を刷新しようとしていた。ソ連でも言論や表現の自由が広がり、東欧の社会主義体制も揺らいでいた。ソ連といえば、共産主義の総本山であり、蔣経国が学んだ地である。そのソ連が自己否定するかのように新たな時代に向かおうとしていたから、蔣経国は自らの共産主義的な統治スタイルに限界を感じざるをえなかったのだろう。それが、戒厳令、報禁の解除ともなったのだ。

台湾人なのか、中国人なのか、迷いのなかの死とは？

蔣経国の死

1988年1月13日、蔣経国総統は心臓麻痺によって急死している。それは、混迷のなかの死であったと思われる。

蔣経国は、その晩年になって、大きく揺れていた。すでに述べたように、彼を支えてきた共産主義的な統治スタイルは、ソ連でも否定され、世界で通用しなくなりはじめていた。蒋経国は、新たな統治のありようをつかめず、混迷のなかにあったと思われる。

その混迷は、自らが何者であるかという混迷でもある。蒋経国はその晩年、1987年に「私は台湾に住んで40年、すでに台湾人です。もちろん中国人でもあります」と語っている。蒋経国の発したもっとも有名な言葉は、蒋経国のブレを象徴している。

蒋経国は大陸生まれの中国人であり、中国人であることをつねに意識しつつも、台湾での経験が深まるほどに、台湾の住人として意識しはじめる。彼は台湾の住人の心をつかむためにも、台湾に深入りしていた。

ただ、彼は台湾人になろうにも、台湾の住人がどれだけそれを受け入れてくれたか。1980年代になると、豊かになった台湾の住人が求めていたのは、自由や民主である。彼はそれを頭では理解しようとしても、現実の政策は中途半端に終始し、台湾人になりそうでなりきれなかった。

晩年、蒋経国は台湾住人から「バカ野郎」とも詰《なじ》られたようだ。ある意味、台湾での恐怖政治が終焉《しゅうえん》に向かっている証左《しょうさ》でもあるのだが、**蒋経国は一定の人気を得**

ていても、台湾に完全には受け入れられなかった。彼は、それを哀しい思いで意識したのではないか。

その一方、**蔣経国はその最晩年に「中国人」たろうともしている。彼は北京の中国政府に密使を送り、中台の統一を打診していたようだ。**北京側の窓口となったのは、モスクワの孫逸仙大学で同窓だった楊尚昆《ようしょうこん》である。蔣経国の根っこは、モスクワの孫逸仙大学で学んだ中国人であり、中国共産党の鄧小平や楊尚昆（第2次天安門事件時、軍を指揮）と変わらない。最後は孫逸仙大学のルートから中台統一をなしてもいいという心境に至っていたのではないか。

蔣経国は、民主化要求の時代にあって、新たな政治スタイルを掲げられないままであった。ならば、民主化熱に浮かされている当時の中国と合同し、ともに新しい時代を夢見てもいいかと思っていたのかもしれない。

いずれにせよ、**蔣経国は後継者を決めることなく、没している。**葬儀には、日本からは福田赳《たけ》夫《お》元首相が参列している。

4章

一党独裁からの脱却を成功させた李登輝

1990年代

基盤の弱い李登輝が、副総統から総統になれた事情とは

1988年1月、蔣経国総統が急逝《きゅうせい》したとき、憲法の規定に従って、副総統であった李登輝が総統を受け継いだ。台湾で初めて本省人の総統が誕生したのだ。以後、李登輝は蔣経国後の台湾をまとめあげ、台湾を民主国家として世界に認めさせていくが、1988年1月の時点で、そんな未来を想像した者は誰もいない。

蔣経国の死にあって、国府内で、李登輝が総統として認められたのは、いつでも降ろせる、無難な中継ぎと見られていたからだ。本省人である李登輝には、国府内になんの政治的基盤もない。蔣経国によって本省人懐柔《かいじゅう》のため副総統に引き立てられただけで、国府内では外省人の発言力が圧倒的に強い。外省人たちが結束してかかるなら、李登輝はものの数か月で総統の座を降ろされていただろう。

そんな立場の弱い李登輝が総統たりえたのは、無難な男と見られたからであり、さらには誰しも火中の栗を拾いたくなかったからでもある。

じつのところ、国府の幹部たちは、蔣経国の死を契機にした本省人の反乱発生に怯《おび》えていたといわれる。あるいは、鄧小平率いる北京政府による台湾軍事侵攻があ

るのではないかと不安を募らせていた。

一党独裁型国家の政治家は、日常、平気で強権をふるう一方、自らのよって立つ基盤の脆《もろ》さを心の奥底では知っている。多くの住人は独裁の恐怖に怯えて従っているだけで、いったん国家が激変に見舞われるや、一党独裁国家の政治家は民衆による打倒の象徴となり、処刑されるかもしれない。

国府の指導者たちは、1986年のフィリピンのマルコス大統領の末路を見てきた。あるいは、1976年、中国で周恩来《しゅうおんらい》の死後に起きた第1次天安門事件という住人の騒擾《そうじょう》を見て、北京の共産党がこれをいかに恐怖したかを知っていた。

台湾＝「中華民国」もまた、民進党の存在を認めたとはいえ、長く国民党の一党独裁国家であった。住人を恐怖によって統制し、本省人の恨みを買っていることくらい知っている。住人が反乱し、政権を打ち倒したとき、まず処刑されるのは総統である。そんな危うい総統に誰もなりたくなかったのだ。

もうひとつの問題は、中国軍が台湾に上陸して台北を占領したときだ。中国軍は、真っ先に台湾の総統を監禁し、場合によっては処刑してしまうだろう。鄧小平の中国には1979年のベトナム侵攻という過去があるから、何をしでかしてもおかしくはない。

国府の中枢にある政治家のこうした不安が杞憂《きゆう》に終わったのちも、李登輝は総統のままであった。すでに、国府には飛び抜けて野心的な政治家がいなかったからだろう。蔣経国は、野心のありそうな政治家を中枢には置かなかった。そのため、**国府の中枢には蔣経国後の権力奪取を見据えた格別に野心的な政治家がなく、李登輝は基盤固めの時間を稼げた**のである。

むしろ野心的で老獪《ろうかい》なのは、李登輝のほうであった。同年7月、李登輝は国民党の主席にも選ばれている。じつのところ、総統よりも国民党主席の座のほうが、権力掌握《しょうあく》の意味で重要である。国民党の一党独裁であるかぎり、党が国の上にあり、党主席が総統に命じることだってできる。李登輝はそのことをよく理解し、権力の重要な核心を確保しようとしたのだ。

もちろん、政権中枢にあって、李登輝の党主席選出を阻もうとする勢力もあった。中心となったのは、蔣経国の義母・宋美齢であった。蔣経国亡きいま、蔣介石以来の蔣王朝を継承するのは、蔣介石夫人でもあった自分であることを宋美齢は主張しようとした。宋美齢は、この時点では本省人である李登輝を見下し、いかようにも扱える存在と思っていた。

ただ、李登輝が宋美齢に潰されることはなかった。李登輝は、宋美齢の言い分をまともに受け止めなかったようだ。

この時点で、李登輝には政権内に味方ができはじめていた。秘書長の李煥《りかん》、副秘書長の宋楚瑜《そうそゆ》、馬英九《ばえいきゅう》らである。宋楚瑜、馬英九はともに外省人ながら、アメリカに留学し、アメリカ式の民主主義を体感している点では、李登輝と通じる。こののち民主化時代の花形になる宋楚瑜にしろ、馬英九にしろ、李登輝が賭けてみる価値のある政治家だったのだ。

政権の外にあっても、本省人・李登輝は勢いを得ていた。本省人は、台湾の人口のおよそ9割近くにもなる。国府の中枢にある政治家とて、その本省人である李登輝に正面から挑むような真似は避けたかったから、李登輝は党主席の地位まで得られたのだ。

李登輝を支えた馬英九

ただ、党主席の地位を得たからといって、権力基盤は盤石《ばんじゃく》ではない。当時の台湾のような国家にあっては、軍と特務を握らないことには、権力を完全に掌握したことにはならない。李登輝の前途は、多難であった。

第2次天安門事件

1989年、台湾と中国はべつの方向に大きく分かれた

李登輝時代の2年目となる1989年は、台湾と中国がべつの方向に大きく動いた年でもある。それまで台中はともに一党独裁国家に近く、異なる意見の者、民主主義をどう受け入れるか模索していた。鄧小平率いる中国共産党政府も、李登輝総統を立てている台湾も、1989年にひとつの回答を出している。

中国共産党が決意したのは、一党独裁の堅持である。それが、同年6月の第2次天安門事件となる。

この年、中国では民主化運動が盛り上がり、若者らは北京・天安門広場に集まり、共産党政府に向けて民主化を要求した。民主化＝野党の容認であり、野党が政権を掌握するなら、共産党政権の要人たちは身ぐるみを剝《は》がされかねない。鄧小平は民主化を拒否し、軍を動員して民主化運動を押し潰した。それは、世界から蛮行《ばんこう》と非難されたが、中国は一党独裁を守り通した。

第2次天安門事件を機に、中国は住人から民主化という希望を取り上げた。代わりに経済繁栄の追求をゆるしたため、中国は豊かだが、その半面、監視社会と化し

ていった。

一方、台湾はといえば、複数野党を認めた選挙に進んだ。1989年12月、台湾では立法委員、県・市長、省・市議会の選挙がおこなわれた。それは、台湾で野党が大々的に参加した初めての選挙となり、民進党以外にも10以上の政党が争った。

選挙の結果、国民党は総得票率のおよそ58％を獲得したものの、民進党もおよそ28％を獲得した。台湾では、これを野党の勝利と見なした。**台湾では対立野党が公認勢力となり、国民党の一党独裁スタイルは終わろうとしていた。**

中国も台湾も、ともに一党独裁にはじまった国家であり、党が国の上にあった。けれども、1989年、台湾と中国はまったくべつの方向へ歩みはじめていた。

李登輝はといえば、この民進党の勝利から、自らの政治家としての使命を見たように思われる。それまで李登輝は、総統にはなったものの、中継ぎと見られ、本人もどれだけ明確なビジョンをもちえたかどうか。ただ、選挙で民進党が3割近い得票率を得たという事実は、台湾の確実な変化であり、李登輝もこれをあらためて認識しただろう。そこから、政治家・李登輝の方向性が定まっていく。

彼は本省人が望んできたもの、つまり民主化や台湾独立を思い、それが不可能ではないことを実感していた。ほかならぬ自らの手でなら、**民主化、台湾独立がなし**

うるのではないかと思うようになっていたのだ。

李登輝には、幸運も手伝っていた。彼が台湾の民主化に動こうとした1990年代初頭、北京の共産党政府が身動きがとれずにいたからだ。第2次天安門事件を引き起こしたことにより、中国は世界から拒絶されたうえ、国内をまとめねばならなかった。台湾の劇的な変化を直視する余裕はなく、台湾に圧力をかけることもできなかった。

中国の孤立は1992年の日本の天皇訪中以後、解消されていくが、それまでに李登輝が基盤を固めることができたのだ。

李登輝のきわどい勝利の背後にあった大変化

1990年の総統指名

1990年2月から3月にかけて、台湾では、第7期総統の任期切れに伴う第8期総統の国民党内指名を巡る暗闘が繰り広げられた。指名を獲得したのは李登輝だったが、それはきわどい勝利でもあった。

李登輝は副総統に李元簇《りげんぞく》を指名していたが、ここから保守派の反発が強まる。李登輝に立ちはだかったのは、林洋港と蔣緯国《いこく》という国民党保守派である。蔣緯国は蒋介石の養子であり、蒋経国の義弟に当たる。蒋経国時代は、蒋経国に怯えていたが、李登輝の時代になると、反李登輝の旗頭《はたがしら》にもなっていた。彼は、蒋王朝の復活、あるいは台湾の現状維持を考えていたのかもしれない。

林洋港は本省人であり、李登輝よりも年上であり、李登輝同様に台北市長の経験がある。林洋港は本省人ということで、国民党の外省人保守派から担がれた格好になり、林洋港が総統、蒋緯国が副総統候補となっていた。彼らを支持したのは、李登輝から離反した李煥や郝柏村《かくはくそん》らである。李煥は行政院長、郝柏村は軍の大物であった。

党内指名は、まずは2月の党臨時中央委員全体会議でおこなわれた。このとき、保守派は過去の起立や挙手による表決は非民主的であるとし、秘密投票を訴えた。結局、秘密投票は否決され、起立、挙手による表決となり、李登輝が総統の党内指名を受けている。

これで話は終わらなかった。李登輝は国民党の公認候補にはなったものの、3月21日の国民大会に勝たねばならなかった。これに対して、国民党内では林洋港、蒋緯国がなおも策動し、李登輝が中国共産党のスパイであるとのキャンペーンもおこなっていた。こうしたなりゆきを見て、外省人である「万年代表」たちも声を張り上げはじめ、反李登輝の雰囲気を醸成《じようせい》しようとしていた。

結局、**蔣緯国、林洋港の策動は3月上旬で終息していく**。とくに蔣緯国の場合、蔣経国の「蔣家の者が総統を継ぐことはない」という言葉を裏切っていたから、非難を浴びていた。最後には蔣経国の3男・蔣孝勇にまで非難され、撤退せざるをえなくなった。林洋港は、外省人の傀儡《かいらい》となることを最後にはためらった。

こうしたなか、3月半ばにはじまったのが、学生たちの抗議活動である。彼らは政治改革の時間表の提示を求めて、中正紀念堂《ちゆうせいきねんどう》での座り込みをおこなっていた。その運動は、**「野百合《のゆり》学生運動」**、あるいは**「台湾の天安門事件」**とも呼ばれた。

「野百合学生運動」が起きたのは、学生たちの危機意識からだろう。このまま蔣緯国に代表される国府内の守旧派を暗躍させるなら、政治改革は停滞し、守旧派の総統が擁立されかねない。彼らの危機意識が運動となり、結果的には李登輝陣営に熱を与えていたのだ。だからこそ、李登輝は学生たちを弾圧することもなかった。むしろ、自らの代弁者と見なし、歓迎していた。

3月21日、李登輝は国民大会で総統に選出されると、学生たちの代表を招き、会談する。ここで李登輝は政治改革を約し、学生たちの運動は終わった。

このあたり、李登輝は鄧小平の中国共産党による第2次天安門事件の逆をいっている。学生たちの意見を受け入れるという格好をとり、台湾が中国とは違う国になっていくことを暗に訴えているのだ。

李登輝に味方する声が大きくなっていき、保守派がしだいに腰砕けになっていったのは、すでに世界史の流れが変わろうとしていたからだ。前年、東欧諸国で共産党の一党独裁が連鎖的に崩壊、東ドイツのホーネッカーはソ連に亡命したし、ルーマニアのチャウシェスクは処刑された。一連の事件を見聞きしている保守派の政治家は、自らが目立ちすぎ、本省人の憤激が自身に集中することを恐れてもいたのだ。

ただ、**李登輝の総統選出は、李登輝の完全勝利というわけではない。彼は、国防部長であった郝柏村を行政院長に任命している。**郝柏村こそは、実力的には李登輝に対抗してきた保守派の筆頭格である。彼に高い地位を与えなければならないほど、李登輝は政治的に妥協もしていたのだ。

李登輝は、ときどき敵対する大物に高い地位を差し出すという手法を使う。それでいて、その大物に食われないまま、その大物の存在力を奪っていく老獪《ろうかい》さを有している。

国防大臣であった郝柏村を行政院長に任じることは、郝柏村を軍から引き離すことにつながった。それは、李登輝が軍を掌握していく突破口になっていたから、李登輝は計算ずくの政治家でもある。

世界史は、無難と思われた政治家がけっして傀儡《かいらい》にもお飾りにもならない政治家に変貌することを教えてくれる。ソ連のスターリンにしろ、中国の習近平にしろ、権力を掌握する以前は無難な政治家と思われていた。派閥の妥協のなかから、操りやすい政治家として押し上げられた。ドイツのヒトラーにしろ、彼なら操れると思われていた。

けれども、スターリン、習近平、ヒトラーの歴史が示すとおり、無難な政治家はけっして無難で終わりはしない。むしろ、これまでにないほど権力を握り、一国を変えてしまうことすらある。李登輝は強権こそふるわなかったが、一国を変えた政治家に変貌するのだ。

李登輝がはじめた一党独裁からの脱却

寧静革命

1990年の総統選出戦を勝ち抜いた李登輝は、台湾内にあってある程度の権力体制を整えたといえる。政敵であった元軍人の郝柏村とは一時的に蜜月を築き、李登輝による本格的な改革は1990年よりはじまるといっていい。

その手始めが、「万年代表」の引退決定である。すでに述べたように、台湾では国会議員は1947年の選出以来、改選されることがなく、「万代表員」と呼ばれてきた。本省人たちは、80歳を超えようとする彼らを「老賊」「老表」（老いぼれヤクザ）と陰でののしってきていた。「万年代表」は台湾の民主化、自由化の障害になっていたが、**李登輝は1990年6月から開いた国是会議で、彼らの任期を1991年12月までと決めてしまった。**

国是会議とは台湾の各界の名士が集まり、意見を述べる場であった。その国是会議で、李登輝は出席者にいいたいことをいわせたすえに、万年代表の引退を決めてしまったのである。もちろん、反対の声は根強かったが、李登輝は彼らに多額の退職金を与えて、黙らせた。

万年代表とて、すでに時代が大きく変わろうとしていることに、知らぬふりはできなかった。台湾内では選挙や事件があるたびに、本省人の声が強くなっている。その本省人の後押しする李登輝を前に、もはやわがままは通らなくなっていたのだ。

つづいて1991年5月、台湾では「懲治叛乱条例」が廃止され、「動員戡乱時期」の終了が宣言される。「動乱戡乱時期臨時条款」はこれまで政府による住人弾圧の根拠となってきて、万年代表たちを生み出してきていた。李登輝率いる台湾では、ここにも手をつけた。**「懲治叛乱条例」を廃止したことで、台湾での言論の自由が進んだ。**

それだけではない。「懲治叛乱条例」の廃止に伴い、お尋ね者の「ブラックリスト」も無効になった。台湾では、帰国・入国を認めない人物をリスト化していて、海外の活動家を監視下に置こうとしてきた。その「ブラックリスト」を破棄したということは、**海外にいた活動家たちの帰国が自由になったということである。**これにより、彭明敏《ほうめいびん》、史明《しめい》、金美齢《きんびれい》ら多くの人物が台湾に戻ってきた。

また、「動員戡乱時期」の終了により、台湾は共産党の中国を叛乱団体と見なすこともなくなった。以後、台湾は中国を「中共政権」あるいは「大陸当局」と呼ぶようになる。

1991年12月、台湾では第2期国民大会代表選挙がおこなわれた。それは「万年代表」の引退に伴う選挙であり、国民党は全体の79％の議席を獲得した。1989年の立法委員選挙での得票率が58％程度にとどまっていただけに、李登輝率いる国民党の勝利といえた。李登輝の民主化が、台湾の住人に評価されての結果でもあろう。こうした李登輝の一連の改革は、「寧静《ねいせい》革命」とも呼ばれる。

李登輝の改革は、じつのところ民進党あってのものであった。李登輝は国民党主席でありながら、民進党のメンバーたちとも通じていた。李登輝のもとには、民進党の幹部が自由に出入りすることができ、互いに情報を提供しあっていた。**李登輝も民進党も、ともに望むのは台湾の民主化であり、同じ目標をもつという点では仲間にもなりえた**のである。民進党は、李登輝個人に対する批判は控える方向にあった。李登輝に批判が集まり、李登輝を失うようなことになれば、自らの目標とする民主化が停滞してしまうのを恐れたからだ。

一方、李登輝率いる国民党内には、反李登輝勢力も根強かったから、李登輝は民進党の側面からの支援も得て、国民党をまとめ、率いることができた。

こうして李登輝と民進党は共生関係にあり、この共生関係が郝柏村を失墜させることにもつながった。郝柏村はもともと李登輝に批判的な守旧派であり、李登輝政権下、行政院長に任命されてのち、しばらく李登輝と蜜月にあったが、やがて対立をはじめる。このとき、民進党は郝柏村をたびたび批判、民進党系の新聞でも厳しく叩いていた。追い詰められた郝柏村は、1993年に行政院長を辞職している。

李登輝の民主化には、経済的な追い風もあった。李登輝が総統に就任した1988年、台湾の一人あたりのGDPは6338ドルであった。その後、1992年には1万7116ドルと1万ドル超えを果たしている。

その経済的な好調が、李登輝の支持を下支えしていたのみではない。一人あたりのGDPが1万ドルを超えてのちの経済成長には、民主化が必要という説がある。この説に沿うなら、李登輝による民主化はその後の台湾の経済発展のエンジンとなり、経済発展が李登輝の政治を利していくことにもなるのだ。

台湾独立論が高まるなかで生まれた、台中合意とは

九二共識

1990年代初頭、台湾と中国の間の交流は加速していた。台湾企業の中国大陸への進出もはじまり、台湾と中国には友好関係も生まれていた。とくに中国の場合、1989年の第2次天安門事件によって世界的に孤立していたから、台湾との交流は歓迎すべきものがあった。

ただ、台湾内で中国への傾斜がはじまっていくと、台湾の住人はあらためて自らを考えるようになった。台湾、台湾人とはなんなのかである。その先にあるのは、「台湾の独立」である。台湾独立派は、「台独」と呼ばれる。逆に台湾の独立に反対する者もいて、彼らは「反台独」と呼ばれた。

台湾独立論に関しては、新しい主張ではない。蔣介石、蔣経国の時代から民主化

を望む者らは「台湾独立」も唱えていた。ただ、彼らの言論は白色テロによっても封殺されていたから、蔣介石、蔣経国の時代、「台湾独立」を叫ぶのは海外に逃れた台湾人くらいのものであった。

けれども、**李登輝の時代となり、台湾内で言論の自由が進むと、台湾内でも「台湾独立」が声高に叫ばれるようになってきた。**「台独」を大々的に掲げたのが、民進党である。1991年12月の選挙にあっては、民進党は「台湾共和国」の建設をうたい、「台湾独立」をひとつの争点とした。一方、李登輝率いる国民党は、「反台独」を明らかにしていた。

選挙の結果といえば、事実上、民進党の敗北である。1989年の選挙では28%の得票率を得ていた民進党だが、1991年の選挙での得票率は24%にとどまっていた。李登輝の民主化政策が評価されての国民党の勝利ともいえる一方、台湾の住人は民進党の唱える台湾独立を危険視した結果でもあろう。

おおっぴらな「台湾独立論」は経済力の増してきた大国・中国との対立を生み、台湾を滅ぼしかねない。**北京政府の怒りを買うことを考えると、台湾独立の動きは危険な賭けとして見られていた**のだ。

そののちに明らかになるように、国民党を率いる李登輝は、どう見ても台湾独立を考えている政治家である。その李登輝が台湾独立反対に回っているのだから、彼は台湾独立を時期尚早と見ていたのだろう。

そこから先、民進党も方針を変更している。民進党は「台独」を捨て、「一台一中（ひとつの台湾、ひとつの中国）」論を展開するようになった。民進党も、台湾独立を夢想しながらも、現実路線を選ばざるをえなかったのだ。

一方、台湾政府と中国政府との間には、現実的な関係が設定されている。それが1992年の「九二共識《きょうしき》（92コンセンサス）」になる。「九二共識」とは、台湾政府と中国政府の間での「ひとつの中国」についての合意であり、妥協である。

「九二共識」では、台湾、中国ともに「ひとつの中国」をうたうが、その意味するところに関しては、中台とも独自の見解でかまわないというものだ。つまり、**中国が「ひとつの中国」というとき、それは中華人民共和国でしかない。一方、台湾のいう「ひとつの中国」は、「中華民国」＝台湾となるが、それでかまわない**という口頭上での合意だ。「九二共識」は玉虫色の合意であり、都合によりいかようにも解釈できる。だが、21世紀になると、中国は「九二共識」を利用して、台湾の取り込みを仕掛けてくる。

日本人の台湾観を一夜で変えた対談とは

司馬遼太郎

「寧静革命」によって台湾の民主化を進めた李登輝がつづけて手掛けたのが、台湾の国際的地位の向上である。すでに台湾は経済成長を遂げ、中国大陸ではできそうにない民主化も達成の途上にある。1970年代の台湾とはまったく違う台湾であることを、世界に認めてもらいたかった。

1993年、李登輝総統はフィリピン、インドネシア、タイを歴訪している。フィリピンではラモス大統領と、インドネシアではスハルト大統領と会見、タイではラーマ9世国王と会見している。

1994年になると、中米のニカラグア、コスタリカを訪問したのち、南アフリカとスワジランドを訪問している。南アフリカではマンデラ大統領の就任式典に参列している。

李登輝外交の白眉《はくび》となったのは、1994年、日本の作家・司馬遼太郎《しばりようたろう》との対談だろう。対談の内容は『週刊朝日』に司馬が連載中の『街道をゆく』のなかに描かれ、のちに『台湾紀行』のなかに収録されている。

李登輝は、司馬遼太郎との対談を積極的に引き受けたという。おそらく司馬との対談を通じて、「台湾人」李登輝の素顔、思いを日本人のみならず、台湾の住人にも知ってもらいたかったからだろう。もちろん、司馬遼太郎の影響力を計算してのことだ。

李登輝は、日本統治時代に京都帝国大学で学んだ人物であり、日本兵として学徒出陣にも動員されている。彼は北京語よりも日本語のほうをたくみに操ることができるとされ、日本語でなら自らの考えをうまく表現できるとも思ったのだ。

李登輝は司馬との対談のなかで、以下のようなことを語っている。

「台湾人として生まれ、台湾のために何もできない悲哀がかつてありました」

「いままで台湾の権力を握ってきたのは、全部外来政権でした。最近私は平気でこういうことをいいます。国民党にしても外来政権だよ。台湾人を治めにやってきただけの党だった。これを台湾人の国民党にしなければいけない」

「植民地時代に日本が残したものは大きい。批判する一方で、もっと科学的な観点から評価しなければ、歴史を理解することはできないと思うな」

李登輝の告白は、李登輝独自の考えでもあれば、台湾の本省人たちがこれまで考えてきたこと、思ったことの代弁でもあろう。李登輝は台湾人による台湾人のための国をつくろうとし、それができなかった過去の苦渋を語っている。

李登輝の司馬遼太郎との対談は、まずは日本人の台湾観を変えるものであった。それまで多くの日本人は、とうに台湾には関心がなく、どうでもいい地域であった。1972年の断交以来、日本人の多くは台湾がなぜ残っているのか不思議ですらあった。一方、改革開放を進める鄧小平は、愛嬌《あいきょう》ある風貌もあって日本人に親しまれていた。台湾を知っているのは一部の保守政治家と企業人くらいで、多くの日本人は台湾を視界外に置いていた。

そこに司馬遼太郎の描く台湾、李登輝である。このとき、**多くの日本人に美しくも哀しく、しかも国家づくりに懸命な新たな台湾像が飛び込んできたのだ。**

司馬遼太郎といえば、当時は国民的な大作家である。その司馬の描く台湾と李登輝によって、日本における台湾のイメージは一夜にして好転したのである。**少なからぬ日本人が台湾、李登輝に興味をもち、応援しようとした。ここからいまに至る日本人の台湾に対するイメージや感情がはじまっている。**

李登輝が司馬に語った台湾論は、そのままブーメランとなって台湾に帰ってきて、これまた大きな反響を呼んだ。当時、日本はバブルの崩壊を経験したとはいえ、いまだ強力な経済力を有し、世界でオーバー・プレゼンス的な地位にあった。しかも、台湾をかつて統治した国である。その国で台湾と李登輝が評価されていると知るなら、台湾の住人も司馬の作品を読みたがり、「台湾人」李登輝の考えを知り、共感もした。また、ある者は反感を抱いた。

李登輝・司馬遼太郎対談にもっとも反感を示したのは、北京政府だろう。対談のなかで、李登輝は台湾を独自の国であるように語り、中国政府の支配は受けないとも示唆《しさ》している。江沢民《こうたくみん》の北京政府は、ここに李登輝の正体を見た。以後、北京政府は李登輝を影の台湾独立派として警戒するようになる。

また、司馬遼太郎との対談の大反響によって、李登輝は新たな手法に覚醒《かくせい》する。彼は、場合によっては台湾国民に直接語るよりも、日本人相手に発信したほうが発言の影響力が強められることを知った。以後、李登輝は日本をはじめ先進国のメディアを通じて、自らの考えを語ることを得意とするようになる。

それは、世界で李登輝の味方、民主台湾の支持者を獲得することにもつながった。李登輝の国民党における基盤は、盤石ではない。彼は台湾の住人から多大な支持を得ていて、これが彼の政治基盤であったが、本省人の多いマスコミなどには反李登輝勢力も多く、世論は流動的でもある。そこに日本や他の先進国の言論を味方とするなら、台湾国内で李登輝は支持を取り付けやすくなる。

以後、李登輝は日本のメディアの取材を積極的に引き受け、日本でも著書を出版するようになる。

親中に傾くアメリカに楔を打ち込んだ李登輝の一手

コーネル大学での講演

1995年6月、李登輝総統は、アメリカのコーネル大学で講演をおこなっている。コーネル大学は李登輝が博士号を取得した大学であり、李登輝の母校訪問が講演にまでつながった。

ただ、李登輝のコーネル大学講演実現までには曲折があった。中国の反対があり、アメリカも北京政府の強い意志を無視できなかったからだ。

1989年の第2次天安門事件での弾圧以後、アメリカは中国と距離を置いていたが、1993年に誕生したクリントン政権は親中路線に向かった。クリントン政権は中国経済の成長に魅了され、中国の意志を尊重するようになっていた。1993年、李登輝の中南米訪問の際、搭乗機はハワイで給油したが、李登輝が機外に出ることはゆるされなかった。アメリカが、中国に配慮した結果だ。

そのアメリカも、変わる。台湾側のワシントンにおけるロビー活動が功を奏し、

1995年になると上院、下院で李登輝の訪米許可をクリントン大統領に求める決議案が採決される。クリントンも、李登輝受け入れに回らざるをえなくなっていった。結局、李登輝の一私人としてのコーネル大学訪問を認めた。

コーネル大学にあっては、李登輝は「民の欲するところ、つねにわが心あり」と題して講演した。彼は**アメリカの支援に感謝しつつ、台湾で平和的な民主化が達成されていることを訴えた**。民意に基づいた政策は、中国の経済自由化と政治の民主化にも役立つとし、台湾を中国の歩むべきモデルとも位置づけている。そして国際社会への貢献の意志を示し、国際社会に台湾を受け入れてもらいたいとも述べている。**李登輝の講演は、アメリカの住人の心を摑み、大きな反響を得ていた**。

李登輝の訪米の狙いは、アメリカに台湾の変貌を知ってもらい、支援してもらうことだったのだろう。台湾にあっては、いまだ李登輝の民主化に反対する勢力も根強い。ゆえに、国外からの支援、とくにアメリカからの支援を欲し、自ら訪米し、台湾の民主化を説いたのだ。

アメリカは、民主化を欲する国をつい支援したがる。李登輝はそうしたアメリカ人の心理までも理解し、アメリカの政治家の心を摑もうとしたのだ。

李登輝は、司馬遼太郎との対談を通じて、大国、先進国の台湾に及ぼす影響力の大きさを知った。李登輝はかつての統治国である司馬の日本を震源とすることで、台湾の住人を引き寄せた。今度は、**台湾にもっとも影響を与えてきた大国アメリカを震源とすることで、より台湾の住人を自らに引き寄せようとしていたのだ。**

それは、1996年の総統選挙を見据えてのものでもある。すでに1996年の総統選は、間接選挙ではなく、直接選挙でおこなわれることが憲法改正で決まっている。台湾初の民主的な総統選であり、李登輝はこれに出馬し、勝ち抜きたかった。その布石が、李登輝の訪米となり、アメリカでの講演となったのだ。

李登輝の訪米に対し恫喝に打って出た江沢民

台湾沖ミサイル危機

李登輝の訪米、コーネル大学の講演は大成功に終わったが、その一方で、台中関係を悪化させた。中国共産党の江沢民主席は、李登輝訪米に怒りを隠さなかった。

李登輝訪米に至るまで台中関係は、円滑に動こうとしていた。江沢民は「江八点」といわれる台湾政策についての8項目の提案をおこなっていた。提案では、中国人同士は戦わないとし、外国勢力の台湾統一に対する干渉と台湾独立の企みに対しては戦うとしている。そして台湾からの招請があるなら、自らが台湾を訪れる用意があるとも語っている。

「江八点」に対して、李登輝は「李六条」という中国政策の提案を出している。ここでは、中華民国が84年間も存在してきている事実を大陸側が直視していないと不満を述べてはいるものの、ことさらに中国と事を荒立てるものではなかった。

けれども、1995年6月の李登輝のアメリカ訪問は、北京の共産党政府を激怒させていた。江沢民の共産党は、アメリカ、台湾の双方に腹を立てていて、アメリカには国防相の訪米を延期させ、駐米大使を召還《しょうかん》するといった抗議をおこなった。

台湾に対しては、より強硬、強圧的だった。国営通信の新華社を通じて、李登輝のことを「両岸関係を破壊する罪人」と断じさせている。つづいて同年7月、**中国は東シナ海の公海上でミサイル発射演習をおこないはじめる。台湾沖にミサイルを撃ち込むことによって、あからさまな恫喝に出た**のである。

それは、江沢民の苦渋の決断でもあっただろう。1997年には、香港が中国に返還される予定となっている。香港返還まで、中国は波風を立てるような真似をしたくない。平和国家であると思われたいと願っていた。にもかかわらず、軍事行動まがいの挙《きょ》に出たのは、**民主化に向かう台湾、つまりは李登輝の勝利を断固として阻止したかった**からだろう。

そもそも江沢民の中国は、李登輝がやること、なすことを快く思っていない。中国共産党には、1989年の第2次天安門事件によって民主化を弾圧、完全に封印してきた歴史がある。李登輝が台湾の民主化を推し進めるなら、民主化を否定した中国は民主台湾を接収できない。しかも、1994年の司馬遼太郎との対談で、李登輝は台湾の独立を示唆していて、これまたゆるされる話ではなかった。のみならず、アメリカに接近までもはじめていた。**江沢民の中国は、李登輝をもはや折り合いのつけようがない人物とも見なしていた**のだ。

もうひとつ、江沢民は李登輝の兄貴面に腸《はらわた》が煮えくりかえっていたのではないか。先の李登輝による「李六条」にあっても、大陸の経済発展は台湾を鑑《かがみ》とすべきであるとしている。コーネル大学での講演では、自身の民意に基づいた政策を中国の指導者が参考にするよう呼びかけている。李登輝の上から目線に、江沢民は我慢がならなかったのだ。

李登輝に圧力をかけた江沢民

中国大陸は、中華思想の地である。中華思想にはかならず上下があり、兄は弟より偉い。

師の前で生徒は絶対服従だ。もちろん中国共産党の考えでは、中国が兄、台湾は弟でしかない。その弟格の分際でありながら、李登輝は中国共産党を指導するようなことを語るから、中国共産党のメンツは潰れたも同然である。江沢民は個人的にも李登輝がゆるせず、ミサイルの前に怯えた李登輝が半べそで謝罪にくるのを待ったのだ。

民主選挙の実現は、なぜ「台湾国」の誕生につながるのか？

総統直接選挙

1995年にはじまる台湾沖ミサイル危機は、中国による台湾の総統選に対する恫喝でもあった。1996年3月、台湾では初の総統直接選挙がおこなわれると決まっていた。中国は武力をちらつかせ、その総統選を潰しにかかったのだ。

1996年3月、総統選が近づくと、台湾海峡でさらに緊張感が高まる。中国は、基隆沖、高雄沖を目標とする8日間にわたるミサイル発射訓練を発表。つづいては、ミサイル発射訓練に突入した。

総統選にあっては国民党から李登輝、連戦《れんせん》が総統・副総統候補として立候補。民進党からは亡命経験のある彭明敏と謝長廷が総統・副総統候補に選ばれた。国民党から分離した新党からは、林洋港、郝柏村が出馬している。

１９９６年３月23日、総統選は無事におこなわれる。76・０４％の投票率のなか、勝利したのは得票率54％の李登輝であった。彭明敏候補は21・１％、林洋港候補は14・９％の得票率に終わっている。

李登輝が過半数以上の票を集めて勝利したのは、これまでの実績が評価されたと同時に、台湾住人の危機感からだろう。**中国のミサイルによる恫喝は、台湾の住人に中国への強い警戒感を呼び起こし、その警戒感が台湾人であろうとする李登輝への支持につながったのだ。**中国のミサイル発射は、じつのところ李登輝の支援になってしまっていた。

空母派遣で台湾を擁護したクリントン大統領

台湾の危機にあっては、アメリカも動いていた。同年３月、中国軍による台湾沖でのミサイル発射訓練が発表されるや、クリントン政権は空母「インディペンデンス」をマニラから台湾沖に向かわせ、**ペルシャ湾にあった「ニミッツ」の台湾回航を決定している。**親中のクリントン政権であっても、民主主義の擁護者を自任している。アメリカは、民主主義に向かおうとする台湾に保護の手を差し伸べたのだ。李登輝のコーネル大学での講演が、ここにきて大きな意味をもっていたのである。空母派遣により、中国も沈黙せざるをえなかった。

李登輝もまた、現役総統としてリーダーシップを示していた。彼は「恐れる必要はない、中共には台湾攻撃の方法はなく、能力もない」「鉄砲から生まれた政権は、いつまでも鉄砲に頼る」と語りかけている。

実際、アメリカの空母が駆けつけてくれたのだから、アメリカと親交を深めた李登輝の株は上がる。さらに株価暴落を抑えるべく、「株価安定基金会」までつくって対応していたから、さらに李登輝の株が上がる結果となったのだ。

台湾沖ミサイル危機のもうひとつの本質について いうなら、中国は台湾が自らとべつの国になることを阻止したかったのだ。すでに何度も述べたように、共産党の中国も台湾も一党独裁国家として出発している。1980年代後半の時点でなら、中国も台湾も、資本主義を採り入れた一党独裁国家として、合体しやすかった。けれども、台湾が総統の直接選挙を成功させたなら、台湾は国民党の一党独裁国家から「卒業」する。たとえ国民党の李登輝が勝利しても、もはや国民党の一党独裁はありえない。台湾が一党独裁国家から民主主義国家へ「変身」してしまうなら、もはや中国と台湾には共通性がない。台湾には中国と一体化する理由がなく、台湾は事実上「台湾国」として歩んでいくことになる。

中国はこれを阻止するため、ミサイルによる恫喝をおこなったのだ。李登輝政権側が怯《ひる》み、戒厳令を敷けば、中国の思う壺となるところだったろう。台湾は、戒厳令国家に戻り、一党独裁型国家と変わらなくなる。だが、そうした計算が崩れ、台湾に独自の道を歩ませることになっていったのだ。

なぜ、台湾人の歴史が初めて語られはじめたのか？

『認識台湾』

1990年代、李登輝は台湾を大きく変貌させていったが、彼の仕事を象徴するのが『認識台湾』だろう。『認識台湾』とは、中学生を対象にした教科書である。そこには、台湾の歴史、地理、社会が書かれている。それは、台湾の歴史にあって画期的な出来事であった。

じつのところ、それまで台湾の住人には「歴史」がなかった。日本の統治時代、学校教育が進んだが、台湾の歴史はほとんど教えられなかった。国民党統治の時代になると、今度は中国語で中国の歴史や地理が教えられた。そのため、自国の河といえば長江、黄河であり、歴史では歴代中国王朝の皇帝の名を暗記させられていた。外省人主体で進んだ台湾の教育とは、中国人になるための教育であったのだ。

李登輝の時代になると、「中国人になるための教育」は、台湾の住人にそぐわないのは明らかだった。台湾には、原住民族の歴史、言語、文化があり、スペインやオランダの支配した歴史もあれば、日本の統治時代もある。それをすべてひっくるめたものが台湾の歴史となる。中華民国政府にしろ、台湾に本拠を据えてからすでに半世紀も経過し、中国大陸とはべつの歴史を経験しているのだ。

台湾の社会にしろ、おおまかにいってホーロー人、客家人、原住民族、外省人という4つのエスニック集団から構成されている。にもかかわらず、国府は北京語に近い中国語を強制し、中国語以外の言葉は禁じていた。もともとホーロー人の話していた言葉は、現在の台湾語に近いが、学校で話すと、叱責を受けた。中華文化礼《らい》賛《さん》の政策のもと、エスニック集団の文化や言語は抑圧されてきた。

李登輝はといえば、客家人の血をひき、日本語をたくみに操る。彼とて多数の文化、民族の入り交じった「台湾の子」である。そこから、李登輝は台湾の住人のための歴史、地理、社会教育の必要を感じ、1993年から母語教育や郷土教育を推進してきた。そして、1997年に導入の『認識台湾』となったのだ。それは、「台

台湾民衆国家民族アイデンティティ世論調査

年度	台湾人	中国人	両方	無反応／無回答
1992	17.6%	25.5%	46.4%	10.5%
1996	24.1%	17.6%	49.3%	9.0%
2000	36.9%	12.5%	44.1%	6.5%
2004	41.1%	6.2%	47.7%	5.0%
2008	48.4%	4.5%	43.1%	4.0%
2012	54.3%	3.6%	38.5%	3.6%
2016	58.2%	3.4%	34.3%	4.1%
2019	58.5%	3.5%	34.7%	3.3%
2020	67.0%	2.4%	27.5%	3.1%

出典：政治大学選挙研究センター

湾人になるための」教科書でもあった。『認識台湾』の台湾史は114ページで構成されていて、「台湾における中華民国」の歴史は24ページと4分の1以下に押し込まれている。「日本統治時期」については、28ページとなっていて、そこでは日本統治時代は全面否定されてはいない。

これまで台湾の教育では、日本の統治時代は悪業ばかりで、完全な否定の対象であった。これに対して、『認識台湾』では、日本の統治が台湾の近代化に貢献した側面も取り上げている。それは、台湾の住人の日本観の好転にもつながっている。

『認識台湾』は、「台湾化（本土化）」

の産物でもある。台湾で民主化が進むにつれて、自らのアイデンティティとは何かが問われるようになる。本省人なら中国とは違う自らの文化、言語を意識するようになる。外省人の子孫にしろ、もはや自らが中国人ではなく、別物ではないかと思うようになる。

民主化が進展するたびに、台湾の住人は「台湾」を意識し、「台湾化」していった。『認識台湾』は、その「台湾化」の答えでもあったのだ。

政治大学選挙研究センターの調査（157ページ参照）によれば、自らを「台湾人でもあれば中国人でもある」と思う人は、1992年と2000年の比較では、ともに45％前後と大きな変化はない。ただ、自らを「台湾人である」と考える人は、1992年の17・6％から2000年には36・9％に増えているのだ。

『認識台湾』は、その後、陳水扁《ちんすいへん》時代、教育改革によって消滅しているが、そのスタイルは現在の台湾の教科書にも引き継がれている。

アメリカはなぜ台湾の独立を認めなくなったのか？

クリントンの「ノー」

1995〜1996年にかけての台湾沖ミサイル危機の際に、アメリカは台湾を守るため、空母まで派遣した。けれども、その後、アメリカのクリントン政権は東アジアでの路線を変更、中国重視に完全シフトする。

1998年、クリントン大統領は中国を訪問、江沢民主席と会談ののち、上海で台中問題について発言している。それは、クリントンによる「3つのノー」といわれる。**「ひとつの中国、ひとつの台湾」を認めず、台湾の国際機関への加盟を認めない、台湾独立を認めない**の3点だ。

台湾の住人は、アメリカは台湾の理解者であると思っていたし、国連再加盟も望んでいた。クリントンの発言は、台湾の住人を落胆させただけでなく、自らの弱い立場をあらためて認識せざるをえなかった。

クリントンの発言は、中国の意向を酌んでのものだ。江沢民の中国は、台湾が「台湾化」を進めていることに危機感をもち、台湾の独立をなんとしても阻止したかった。そのために、台湾の最大の保護者であるアメリカを引き寄せたのである。

当時、中国経済は絶好調であり、アメリカの政治家もビジネスパーソンも中国経済に目が眩《くら》んでいた。アメリカには「パンダハガー」と呼ばれる親中派が増殖し、クリントンもまた対中ビジネスの魅力にとりつかれていた。

中国はその経済力によってアメリカと蜜月を築き、台湾の動きを封印しようとしたのだ。

すでに前年、1997年には中国はイギリスから香港を取り戻している。「一国二制度」のもと香港を尊重するなら、台湾もまた「一国二制度」を受け入れるのではないかという見方もあったのだ。

北京市長の座を巡って争った未来の総統たち

陳水扁対馬英九

1990年代、台湾では2回の台北市長選があった。1980年代まで台北市長は総統による任命であったが、李登輝はこれを直接選挙によるものへとあらためた。この台北市長選を通じて、新たな台湾の後継者が生まれる。まずは1994年の台北市長選だが、国民党は現職の黄大洲を推し、民進党からは陳水扁が立候補した。また国民党から分裂した新党からは趙少高《ちょうしょうこう》が擁立されている。

勝利したのは、民進党の陳水扁であった。国民党候補と新党候補に票が割れ、陳水扁が、その隙をつくことができたのだ。

陳水扁は台北で高い支持を得ていたものの、1998年の台北市長選挙では敗れている。国民党が馬英九を擁立、若くハンサムな馬英九に票が集まったからだ。

馬英九は香港生まれの外省人である。その外省人である馬英九を、李登輝も熱心に応援した。李登輝からすれば、台湾の水を飲み、台湾の米で育つなら、それは「台湾人」であった。あるいは「新台湾人」であった。馬英九も自らを「新台湾人」と口にして、本省人をも引き寄せていたのだ。

市長選に敗れた陳水扁だが、彼はこれで終わらない。2000年の総統選に出馬し、総統となっている。その陳水扁退陣後、新たに総統になるのが馬英九だ。

李登輝も台北市長の座を務めていたが、こののち陳水扁、馬英九とつづく総統も台北市長を経験している。台北市長の座は台湾総統への登竜門となっていて、2022年11月に予定されている台北市長選は、未来の総統を占うものでもある。

民進党から台北市長に当選した陳水扁

2022年の台北市長選にあって、国民党から擁立されたのが、蒋経国の孫である蒋万安《ばんあん》である。一方、民進党は保健相だった陳時中《ちんじちゅう》を推している。陳時中は新型コロナウイルス対策で大きな功績を示している一方、蒋万安には祖父・蒋経国のナラティヴ（物語）がある。台湾をまとめていくナラティヴとして蔣経国が求められるのなら、孫にも出番が出てくるのだ。

いずれにせよ、２０２２年の台北市長選に勝利した者が、近未来には台湾を担う総統の座に就く可能性があるのだ。

5章

巨大化する中国に対峙する台湾の苦悩

2000〜2015年

なぜ、国民党の連戦は陳水扁に敗れたのか？

2000年、台湾では政権交代が起きた。総統選で民進党の陳水扁が勝利し、第11代総統に就任した。台湾の歴史上、野党が初めて政権を獲得したのである。

陳水扁と総統の座を争ったのは、国民党の連戦《れんせん》、無所属の宋楚瑜である。連戦は李登輝政権下にあって、副総統を務め、李登輝の後継者と目されていた。当時の国民党の実力からいえば、連戦の勝利となるはずだが、彼は最下位に沈んだ。というのも、国民党支持の票が、宋楚瑜のほうにも向かってしまったからだ。

宋楚瑜は李登輝政権の初期を支えた政治家であり、国民には人気があった。ただ、1998年の人事で李登輝と対立し、その後、国民党を離れ、総統の座を狙ったのだ。その結果、連戦に集まるはずの票が宋楚瑜にも流れ、連戦が得たのは292万票にすぎなかった。宋楚瑜は466万票と、1位の陳水扁の497万票に迫っていたから、国民党の内輪揉《うちわも》めで、民進党が勝利したともいえる。

陳水扁の勝利は、李登輝の謀略だったという見方もある。1990年代も終わりになるころ、李登輝は後継者となるはずだった連戦に失望していたとされる。連戦が国民党の保守派に取り込まれていたからだ。のちに連戦は親中色を隠さなくなるが、李登輝はその素地を見て取ったのだろう。だから、**人気者の宋楚瑜を国民党から追い出すような挙に出て、連戦の当選をありえないものにしたかった。**

もともと、李登輝は国民党にありながらも、伝統的な国民党のあり方を破壊し、民進党にも手を貸してきた。台湾の民主化のためには、野党・民進党の陳水扁の総統就任は必要な過程であり、李登輝はそのために国民党をぶっ壊していたのだ。

国民党敗北の責任をとって、李登輝は党主席を辞任し、1991年には当の国民党から離れてしまっている。この李登輝の国民党離脱に合わせるかのように、のちに総統となる蔡英文《さいえいぶん》も動いている。彼女はもとも李登輝の法律ブレーンであったが、2000年代、陳水扁政権に起用されているのだ。

陳水扁の総統就任式では、10曲の音楽が演奏された。このうち、9曲が民謡をはじめ台湾の音楽であり、民進党政権は「台湾化」を目指すことを示唆していた。

旅券や企業名から「中国」を外した意図とは

正名運動

陳水扁の民進党は、もともとその綱領に「台湾独立」を盛り込んでいる。ただ、陳水扁は総統に就任ののち、「台湾独立」を引っ込めている。就任演説では、「独立を宣言せず」「国名を変更しない」と延べている。

それは、中国の北京政府をことさらに刺激しないためのものである。前年、李登輝はドイツの「ドイチェ・ヴェレ」放送のインタビューで、台中の両岸関係は、少なくとも特殊な国と国の関係になっていると述べている。これが李登輝の「二国論」であり、北京政府を大激怒させていた。「二国論」の構想に関わったのは、のちの総統である蔡英文とされる。陳水扁の民進党はもともと台湾独立を掲げているのだが、これ以上、北京政府を刺激したくないため、独立論を引っ込めていた。

陳水扁総統はこうして表向きを取り繕ったものの、彼もまた「台湾人」であった。陳水扁時代にも「台湾化」は深化する。そのひとつが、「正名《せいめい》運動」である。「正名運動」とは、『論語』の「名正しからざれば、則《すなわ》ち言《げん》したがわず」に由来する。つまり、誤って使われてきた名称を訂正する運動であり、これまで使ってきた言葉を「台湾人」の常識に合わせて変えようというものだ。

「正名」の要求は、もともと原住民族によるとも、在日台湾人から発せられたともいわれる。原住民族は正しい名で呼んでもらいたかったし、在日台湾人は日本政府に「中国人」ではなく「台湾人」として扱われることを欲した。

ともかく、陳水扁の台湾にあって、「正名運動」は中国的な名称を台湾的な名称に変えていくものとなる。それが、2003年の外務省による新パスポートの発行ともなる。それまで台湾のパスポートには中国語の「中華民国」と英語の「REPUBLIC OF CHINA」表記があった。これに新たに「TAIWAN」の表記を加えたのだ。台湾外務省の弁では「中華人民共和国」との混同を避けるためとしているが、それは台湾独立に向かう一里塚と中国は捉えている。

右が旧パスポート、左が新たにTAIWANの文字が入ったパスポート(2008～2020年)／写真右：Chintunglee

また同年、台湾では国名変更を要求したデモもおこなわれている。デモを主宰したのは「台湾正名運動連盟」であり、「中華民国」から「台湾」への国名変更、台湾として国連に加盟申請を求めている。

陳水扁政権では、「正名運動」に合わせて、公営企業の名称から「中国」「中華」を外すように求めている。これにより「中国造船」が「台湾国際造船」に、「中華郵政」が「台湾郵政」に、「中国石油」が「台湾中油」にその名をあらためている。

台中交易の増大

陳水扁時代、中国は台湾の最大の貿易相手国に

陳水扁が総統となった時代、2000年代前半、台湾を巡る大きな変化は、台中交易の拡大である。それまで台湾の最大の貿易相手はアメリカ、日本であったが、2002年には中国が最大の貿易相手国に躍り出ている。その後、台湾の貿易における中国の比率は増大していくばかりとなる。

中国が台湾の最大の貿易相手国となったのは、中国が望んだことでもあれば、台湾の事情からでもある。**民進党の陳水扁政権は、台湾の独立をひそかに目指しながらも、対中交易を拡大するアクセルを踏んだのだ。**陳水扁は、対中交易について、「積極開放、有効管理」の方針を示している。

対中交易の拡大は、2001年の「小三通解禁」にはじまる。台湾領である金門島、馬祖島《ばそとう》と中国の福建省の間にかぎって、直接の通商、直接の通航、直接の通信

台湾の貿易総額に占める割合の推移

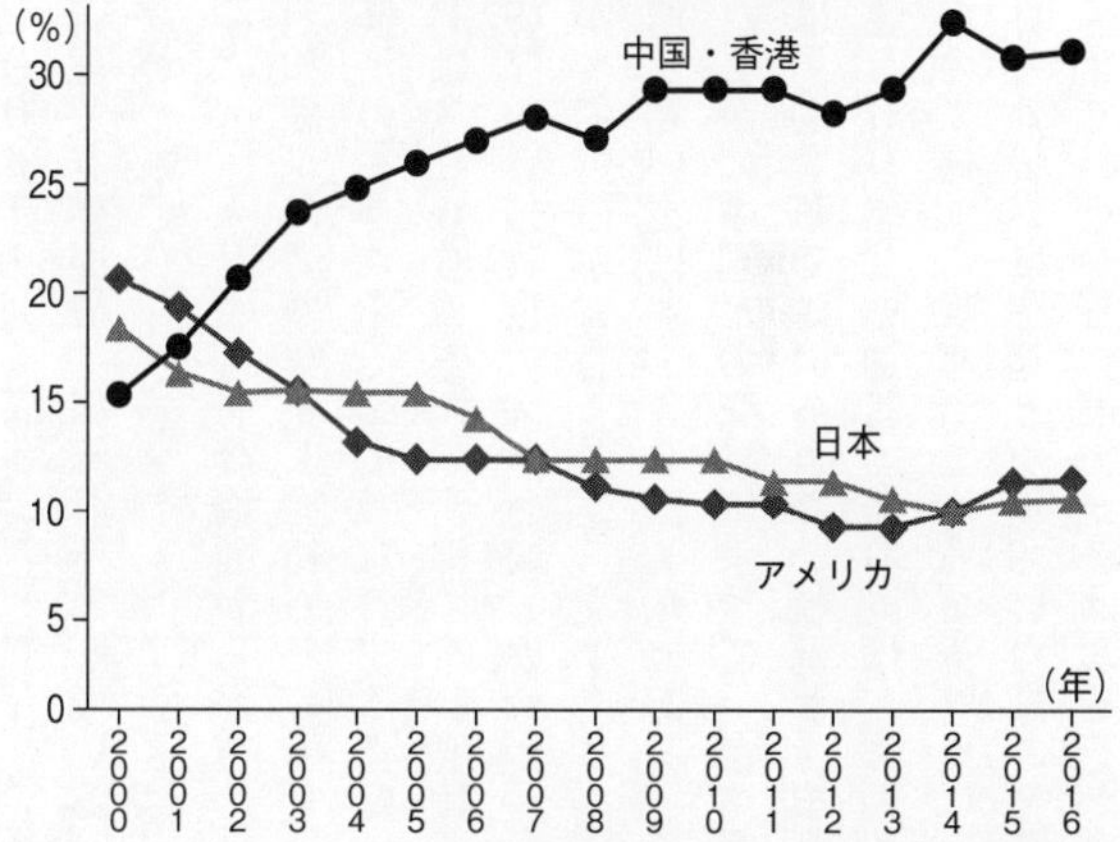

出典:『詳説台湾の歴史 台湾高校 歴史教科書』

を認めたのだ。この「小三通」を突破口に、台中間で経済交流が活発化し、２００５年には台中直航チャーター便の相互乗り入れもはじまった。１９４９年、中華人民共和国が成立して以来、初めての相互直航チャーター便乗り入れである。台中双方で大きな話題となり、台中関係の深まりを示した。

台湾のこうした経済面での対中接近によって、２００６年には貿易総額に占める中国の割合は25％を超え、30％に迫ろうとしていた。一方、日米合わせての比率は30％以下になり、台湾の経済は中国と深く結びついていく。

２００６年1月、陳水扁総統は対中交易に関して、「積極開放、有効管理」から「積極管理、有効開放」に転じるとしている。経済的な対中依存の拡大を懸念してのことだが、歯止めとはならず、その後も台湾の経済面での対中緊密化は深まっている。台湾は、巨大な中国に経済面からからめ捕られようとしていたのだ。

それは、台湾の歴史上、初めての出来事であった。１９９０年代まで、台湾は中国経済の大きさをそこまで意識する必要はなかった。１９９０年の時点で中国のＧＤＰは３９６６億ドル、台湾のＧＤＰは１６６６億ドルであり、中国経済は台湾経済の２・５倍程度の大きさでしかなかった。２０００年にはそれが3・6倍程度に広がっているが、２００８年になると中国のＧＤＰは4兆５７７３億ドルにも達し、台湾はといえば４１５９億ドルである。その差は11倍にも広がっているのだ。

たしかに**中国との交易によって、台湾経済が成長を遂げてもいる。その一方、台湾は中国なしではいられない状況が生まれつつあった**のだ。

２０００年代を通じて、台湾は、強大化する中国の陰に隠れて、国際的に霞《かす》んでもいる。最大の保護者であるアメリカはといえば、２００１年の同時多発テロ以来、テロとの戦いに躍起となっていた。アメリカは、アフガニスタンやイラクへ兵を集中させていたから、東アジアはおろそかになり、中国との敵対を避けた。アメリカは中国とうまくやっていくためにも、台湾の独立姿勢を好まなかった。
日本はといえば、デフレ経済に苦しんだうえ、小泉純一郎首相の退陣ののち、首相が1年おきに代わる不安定な政治状況にあった。中国国内でたびたび起きる大規模な反日デモの対処に追われ、台湾との政治的な関係は薄くなっていた。

台湾の国際機関への加盟を封じ込む中国 ―― WHO

2002年1月、台湾は世界貿易機関（WTO）に正式加盟した。それよりも1か月まえ、中国もまたWTO加盟を正式に果たしていたから、台中同時加盟といってよかった。台湾は経済面で国際的な地位を確保したが、その後、国際機関加入の道が閉ざされる。

2003年、ジュネーブで開かれた世界保健機関（WHO）の総務委員会では、台湾のオブザーバーとしての参加が討議されたが、否決されている。台湾は李登輝時代からWHO加盟を望み、2003年の総務委員会にあっては、日本やアメリカなどが賛成票を投じていた。にもかかわらず、**大多数が否決に回ったのは、中国が働きかけていたからだ。**

中国は、「ひとつの中国」であることに執念を燃やしていて、「ふたつの中国」が生まれる芽を摘もうとした。すでに中国はアフリカ諸国をはじめ多くの国を支援していて、中国を支持する国は多い。ゆえに、アメリカや日本が台湾のために動こうとしても、中国による「数の外交」の前には勝てなかったのだ。台湾はいまもＷＨＯ加盟を目指しているが、果たされないままだ。

陳水扁はなぜ、目立った実績を上げられなかったのか？

2004年総統選

２００４年３月20日、台湾では総統選挙がおこなわれ、大接戦となった。現職の民進党の陳水扁に挑んだのは、前回の総統選で陳水扁に屈した国民党の連戦と、親民党を立ち上げた宋楚瑜のコンビである。連戦を総統候補、宋楚瑜を副総統候補として挑み、選挙戦は予断をゆるさないものとなった。

総統選が接戦となったのは、陳水扁政権がこれまで大きな成果をあげられないままだったからだ。たしかに陳水扁の時代、対中交易は拡大したものの、経済成長は思ったほどではなかった。それが、住人には不満だった。

じつのところ、台中交易に関しては中国側に冷淡なところがあり、それが台湾の経済成長の歯止めにもなっていた。中国が経済交流を抑えていたのは、陳水扁がともすると台湾独立に傾斜しがちだったからだ。

陳水扁は、２００２年に東京で「一辺一国《いっぺんいっこく》論（それぞれひとつの国論）」を口にしている。「台湾は第二の香港やマカオになることはできない。なぜなら、台湾は中国とは『一辺一国』であり、明確に分けなければならない」と述べている。それは、李登輝の「二国論」よりは強くないが、台湾独立を語っていることに変わりがない。

当時、北京の共産党政府は、江沢民から胡錦濤《こきんとう》への移行時代であったこともあり、陳水扁の「一辺一国論」を激しく攻撃できなかった。代わりに**中国共産党は、台湾との経済交流を要所では抑え、嫌がらせをしていた**のだ。

国民党から総統候補として挑んだ連戦

総統選にあっては、陳水扁苦戦が報道され、このとき李登輝も動く。選挙戦の大詰め、2月28日、「二・二八事件」の記念日に、台湾では南北を「人間の鎖」でつなぐ一大デモがおこなわれている。李登輝が呼びかけたデモでもあり、２００万人が参加、陳水扁も加わっている。

ただ、「人間の鎖」デモでも、陳水扁支持の決定力にはなりきれず、結局、勝敗を分けたのは、投票日の前日に起きた陳水扁狙撃事件であった。陳水扁は軽傷にとどまったが、この一件で陳水扁に票が集まり、陳水扁の僅差《きんさ》での勝利となった。

陳水扁は総統に再任されたものの、その政権は不安定であった。同年12月の立法院選挙では、民進党など与党連合が敗北を喫してもいる。

胡錦濤の懐柔

中国共産党はなぜ野党・国民党に接近したのか?

2003年、中国では胡錦濤が国家主席となる。これよりまえから江沢民から胡錦濤への権限委譲は進んでいて、中国は胡錦濤時代を迎える。

胡錦濤の中国の台湾外交戦略は、基本的にはアメと鞭《むち》である。野党・国民党を手なずける一方、台湾独立をひそかに狙う陳水扁の民進党政権には釘を刺すという手法だ。

まず鞭としては、2005年3月採択の「反国家分裂法」が登場する。「反国家分裂法」とは、台湾独立を武力によってでも阻止できるとした法である。鄧小平以来、中国共産党は台湾との平和的な統一を志向していたが、21世紀になって武力解決も視野に入れたのだ。それは、中国政府が、台湾に独立を希求する勢力が根を張っていることを認めざるをえなくなってきたあかしであろう。鄧小平以来の平和路線では、ラチがあかないと見て、軍事進攻もありうると警告したのだ。

中国共産党政府からすれば、「反国家分裂法」は独立に傾きがちな陳水扁の民進党に対する威嚇であった。その一方で、中国共産党は国民党にはソフト路線で交渉をはじめている。

それが、2005年4月からの連戦・国民党主席の訪中だ。「反国家分裂法」の採択からわずか1か月余の訪中であり、連戦は胡錦濤と会見している。国民党と共産党のトップ会談は、かつての毛沢東・蔣介石会談以来、60年ぶりであった。

国民党に接近しようとした胡錦濤
(写真：Dilma Rousseff from Brasil)

トップ会談ののち、発表された共同コミュニケでは、**国民党も共産党も、台湾独立に反対することで一致している。また台湾農産物の対中輸出拡大が約束され、台湾の取り込みも図られている。**

胡錦濤・連戦会談のすぐのち、親民党主席の宋楚瑜も訪中、胡錦濤と会見している。さらに翌2006年、国民党名誉主席となった連戦がふたたび訪中、胡錦濤と会見している。

胡錦濤の中国が、台湾の野党である国民党や親民党を懐柔し、親密になろうとしたのは、ひとつには台湾の世論を変えるためだろう。**国民党や親民党の声を通して、中国は敵ではなく、統一はよいことなのだと台湾の住人に広めたかったのだ。**

さらに、胡錦濤は先を見越していた。2004年の総統選が証明するように、民進党政権は台湾内で安定的な支持を受けているわけではない。陳水扁狙撃事件がなければ連戦が勝利していたかもしれず、2008年の総統選で国民党の勝利はおおいにありうるのだ。

野党・国民党とつながり、懐柔しておくなら、国民党は2008年に政権を奪回、中国との統一に向かう可能性も大きくなる。胡錦濤のこの戦略は、ひところまで大成功を収める。

スキャンダルで沈没した陳水扁の民進党政権

馬英九総統誕生

2008年の総統選は、国民党の馬英九の大勝利に終わる。2008年の総統選を決したのは、陳水扁のスキャンダルである。

　２００６年5月、陳水扁の娘婿が株式のインサイダー取引で拘束されてのち、陳水扁の周辺はスキャンダルまみれとなる。陳水扁は生真面目、実直な性格なのだが、彼の一族はそうではなく、次々にスキャンダルが明るみとなった。２００６年には陳水扁の辞任を求める大集会が開かれ、陳水扁政権は地に堕《お》ちた。民進党のイメージは悪化したままで、２００８年の総統選では完敗するほかなかったのだ。陳水扁は、総統辞任ののち、投獄もされている。

　新たに総統となった馬英九は、その正体をつかみにくい人物である。彼は１９５０年、香港に生まれたのち、台湾に移住した外省人である。台湾大学を卒業後、アメリカのニューヨーク大学、ハーバード大学で学んだ俊才であり、帰国後は蒋経国に引き上げられている。外省人か本省人かの違いを除くなら、李登輝にかなり近い経歴を経てきている。

　ただ、馬英九と李登輝の政治思想、信条はかなり異なるようだ。馬英九はアメリカで民主主義を体験したこともあり、民主主義には理解がある。台北市長として実績を積んできてもいるのだが、彼にどれだけ国家観があったかどうかだ。馬英九にはどこか無国籍なところがあり、外省人という根っこもあってか、**台湾の独立に**

ついては、李登輝や陳水扁ほどの熱さがなかった。馬英九には、中国を独立の敵とは見なしていないフシもあるのだ。

それよりも、馬英九はどの国とも仲よくなることを考えた。一部の日本人は馬英九を反日の政治家と見ているが、そうでもない。日本とも親しくしたい。何より、中国との融和こそが政治家としてなすべき道であると考えた。そこから、台中大接近がはじまる。

馬英九政権はなぜ中国との交流を急拡大させたのか？

台中大接近

馬英九政権の台湾の中国への接近は、2008年5月、国民党の呉伯雄《ごはくゆう》主席の訪中からはじまる。呉伯雄は中国の胡錦濤主席と会見、台湾の与党主席と中国共産党主席の会談となった。すでに国民党は野党時代、連戦が二度も訪中、胡錦濤と通じているから、胡錦濤と呉伯雄は打ち解けた。

両者は「中華民族」の緊密な血のつながりを確認し、台中交流の活発化で一致した。なかでも、目玉は中国人に対する台湾観光の開放であった。

陳水扁時代、チャーター直航便の往来が認められていたとはいえ、中国から台湾を訪れることができるのは、学術かビジネスに関わる者にかぎられていた。そこに馬英九政権は制限付きながら、中国人の台湾観光を認め、当初、1日3000人を限度として受け入れるとした。その枠はこののち拡大され、2015年には1日1万4000人にもなっている。

2008年12月、台中の民間交流機関同士の話し合いによって、「三通」が決まる。つまりこれまで**限定的であった通商、通航、通信の直接往来が全面的に認められたのだ。台湾は、中国に対して大々的な受け入れを示した**のである。

馬英九総統の狙いは、中国経済の利用にあっただろう。当時、中国経済は巨大化する一方であり、これを隣国の台湾が利用しない手はないのだ。ちょうどこの時代、日本の財界は中国経済に深く傾斜していたが、馬英九も同じことを考えていたのだ。

実際、台湾は多くの中国人観光客を受け入れるようになり、中国人による「爆買い」もはじまる。台湾のインバウンドは活況を呈し、台湾の景気を盛り上げていったのもたしかだ。

「三通」がはじまった12月、中国から台湾に2頭のジャイアントパンダが贈られている。かつて陳水扁の時代、2005年、胡錦濤・連戦対談の成功を受けて、中国が台湾にパンダを贈ると表明したことがあった。このときは、陳水扁政権が希少動物の貿易を禁止したワシントン条約を理由に断っている。けれども、2008年の贈呈表明にあっては、馬英九政権は歓迎し、受け入れている。中国得意の「パンダ外交」は、台湾を取り込もうとしていた。

台湾への直接投資をはじめた胡錦濤の狙いとは

ECFA

馬英九政権下にはじまった台中の大交流は、2009年2月、「海峡両岸経済協力枠組協定（ECFA）」の締結交渉入りの決定となる。それは、台中交流のさらなる拡大・充実を目指したものであり、台湾と中国間の事実上のFTA（自由貿易協定）である。2010年6月にECFAは正式調印となり、ここでも台中の緊密化がなされていった。

また、2009年6月には、大陸資本による台湾への直接投資もはじまっている。これまた、台中経済の緊密化を促すものであった。

馬英九の国民党政権が経済面の対中傾斜に大きく動いていたのは、景気浮揚のためである。当時、アメリカのサブプライム・ローン問題（リーマン・ショック）が世界各国を直撃、台湾経済も喘《あえ》いでいた。一方、中国はというと、窮《きゅう》したヨーロッパ諸国を支援するほどの余力があった。すでに対中接近をつづけてきた馬英九政権にとって、中国は頼れる存在であったのだ。

胡錦濤の中国共産党政権は、中国の強みを知っている。台湾の求めに応じるかのように経済を緊密化させ、まずは経済で台湾を取り込み、台湾に親中、統一の雰囲気を醸成する。こうして台湾が身動きできなくなっていくなら、熟柿《じゅくし》が落ちるように台湾を吸収できるだろう。

胡錦濤は、そのための矛《ほこ》も有していた。そもそも、馬英九政権にはじまる台中の大接近は、「九二共識（92コンセンサス）」を前提にしてのものだ。「九二共識」には前述のとおり「ひとつの中国」がうたわれているが、じつに曖昧である。

馬英九は総統就任にあたって、「九二共識」を台中関係の基礎とすると述べている。胡錦濤は、その「九二共識」の一方的な固定化を狙っていた。「九二共識」でうたう「ひとつの中国」は、中華人民共和国であって、中華民国ではない。その意識を馬英九政権に刷り込もうとしていたのだ。台湾が経済で中国に依存を深めるにつれて、「ひとつの中国」は中華民国とはいえなくなるだろうという計算だ。

胡錦濤は、馬英九政権によけいな「ノー」をいわせないよう経済以外にもアメを与えている。そのひとつが、台湾のWHOの年次総会へのオブザーバーとしての参加だ。

すでに述べたように、日本やアメリカは台湾のオブザーバーとしての参加に積極的であったが、中国が反対に動くため、実現してこなかった。けれども、2009年に台湾のオブザーバーとしての参加が認められたのだ。それは、1971年に台湾が国連を脱退して以来、初めての国連機関への参加となった。

もちろん、中国側が賛同に回り、賛成票を誘導したからであり、その後、WHO内で台湾をどうするかは中国の気分しだいであった。馬英九時代が終わり、中国にさほど従順でない蔡英文の時代になると、台湾はオブザーバーとしても参加できなくなっている。

中国は、台湾との間の「外交休戦」にも応じている。これ以上、台湾と断交する国をつくらないようにしようという、外交上の休戦である。

これまで、中国は台湾と国交のある国をカネで支援する代わりに、台湾と断交させ、中国と国交を結ぶように策動してきた。台湾もこれに対抗して、支援金を上積みしてきたが、支援合戦はカネを消耗するばかりである。**馬英九は中国の唱える「ひとつの中国」を認めることで、「外交休戦」を得た。**馬英九の時代、台湾と国交を結ぶ国は22のまま維持できたのだ。

若者から「台湾独立」を叫ぶ声が減っていった理由

天然独

2000年代、台湾は中国と大接近し、中国に経済的に取り込まれそうになる。そうしたなか、台湾内では「独立」の声が小さくなっていた。ひとつには、台湾内で「天然独」といわれる若者たちが増えつつあったからだ。

「天然独」とは、「台湾はとっくの昔に独立している」と当然のように思う者らで、多くは若者だ。台湾では20年に近い李登輝、陳水扁時代の年を経て、「台湾は台湾である」と思う人たちが増えていた。新しい世代ほど、生まれたときから「台湾」を実感している。外省人をルーツにする若者であっても、移住から3世代目くらいになると、もはや生まれたときから「台湾人」感覚である。「天然独」からするなら、台湾はとうに実質的に独立しているのだから、あえて「台湾独立」を叫び、事を荒立てる必要がないのだ。

また、台湾に中国人観光客が殺到するにしたがい、台湾の住人たちは自分たちは中国人と違うのではないかと思いはじめる。それまで中国人とは血のつながりがあると考えてきた者たちでも、実際の中国人と接すると、彼我《ひが》の違いがわかってくる。

すでに台湾は中国に先んじて、資本主義化し、民主化も体験、洗練された文化を有しているから、中国の住人の行動が野暮にも映る。台湾の住人は、中国との交流を通じても、自らを「台湾人」であると見なすようになったのだ。

「天然独」といわれる世代は、争いごとを好まない。ただ、彼らとて、主張するときはする。**台湾が中国に接収されるのは御免だし、中国の属国のように扱われるのも嫌う。それが、２００８年11月の「野いちご運動」にもなっている。**

中国共産党の高官が台北を訪れたとき、彼は馬英九を「総統」と呼ばず、「あなた」と呼んだ。「総統」と呼べば、台湾がひとつの国であることを認めたことになるからだ。にもかかわらず、台湾政府はことさらな歓迎を示したから、住人たちはこれを媚《こ》びた態度と見なし、抗議活動をおこなった。**抗議活動を主導していたのは、民進党の主席となっていた蔡英文である。**

馬英九政権が抗議活動を手荒に排除しようとしたとき、多くの若者が座り込み運動をはじめた。これら一連の運動が、「野いちご運動」と呼ばれる。「天然独」は「台湾独立」をいわない一方、独立を毀損《きそん》するような言動をとる台湾政府には強い抗議姿勢も見せているのだ。

台湾の人々はなぜ親日的なのか？

東日本大震災

2011年、日本が東日本大震災に見舞われたときだ。台湾内では日本への義援金が募られ、日本に贈られた。その額は200億円を上回り、日本に贈られた義援金のなかで最高額となっていた。台湾からは救助隊が派遣され、物資も贈り届けられた。

人口2300万人ばかりの台湾からの多大な好意に日本人は感じ入り、あらためて台湾を重要な友好国であると見るようになった。

東日本大震災にあって、台湾の住人が日本に積極的に支援したのは、短期的には返礼である。日本は、1999年の台湾中部大地震や2009年の南部台風災害に援助の手を差し伸べてきた。台湾はただでさえ世界的に孤立していて、世界から友《ゆう》誼《ぎ》の手を差し伸べられることはそうはない。だから、台湾の住人は日本の友誼をうれしく思い、記憶していたのだ。

長期的にいえば、台湾内で日本という存在が肯定的な意味で大きくなっていたからだ。台湾では、国民党の一党独裁時代、日本語は禁じられ、少なくとも表向きには日本は敵視されてきた。

これが１９９０年代以降、劇的に変化する。李登輝の時代になると、日本に対する規制は失《う》せ、メディア通信の発達によって、日本の漫画、アニメ、ドラマ、ゲームなどが流入、日本おたくともいえる「哈日族（ハーリー族）」と呼ばれる若者が、登場するようになっていた。

そして２０００年代を通じて、台湾の住人の日本傾倒はさらに深まる。というのも、日本が台湾にもっとも近くて、しかも洗練された文化をもつ民主の国になっていたからだ。

21世紀、日本はかつての経済活力を失い、デフレに苦しんでいたが、その一方、日本人の見方はどうあれ、アジア一の民主国家として繁栄しつづけてきた。街はかつてよりずっと美しくなり、秩序があり、公衆道徳があった。アニメから食まで文化を充実させていた。台湾の住人は、日本を知るにつれ、日本を自らのモデルにするようになっていた。

それは、台湾の住人が民主化を遂げてきた自信があってこそだ。**台湾の住人は、民主化のさらなる先にあるものを求めて、そのヒントを日本に探していた。**

しかも、数多くの中国人観光客を受け入れるに及んで、台湾の住人は自らが「中

ダム公園内に復元された八田の住居(写真：bdragonwang)

国人」ではないことを知った。自らを「台湾人」であると認めたとき、近隣で最大の友好国を探すなら、中国ではなく、日本だった。どこかで威圧的にもなる中国に比べ、おとなしい日本のほうに親しみがもてたのだ。

東日本大震災にあっての台湾の好意は、台湾の日本傾斜の一部にすぎない。じつのところ、馬英九の時代、日本統治時代の顕彰《けんしょう》が進んでいる。その象徴が、八田與一《はったよいち》への顕彰だ。

2011年、烏山頭《うさんとう》ダムの近くに造られた八田與一を記念する公園が開園している。八田は日本統治時代、烏山頭ダムの建設の中心となった技師であり、烏山頭ダムを建設したことにより、台湾最大規模の農地水利施設「嘉南大圳《かなんたいしゅう》」が台湾南東部に広がった。これにより、不毛地帯とされた嘉南平原は豊かな大穀倉地帯に変貌を遂げていく。

嘉南の住人らは日米戦争下に殉難した八田を偲《しの》び、烏山頭の大堰堤《だいえんてい》に八田の銅像を立てた。開園には、馬英九総統も姿を現している。馬英九時代には、ほかにも日本統治時代の日本人技師が顕彰され、それは台湾内における日本統治の再評価にもなっている。

また、2008年には、映画『海角七号』がメガヒットしている。日本統治時代の日本人と台湾人の淡い恋をテーマにした、現代台湾の物語だが、ここにも日本統治時代への好感が表れている。

日本では、これまで日本統治時代が台湾人を親日にさせたとよくいわれてきた。けれども、現実は戦後の日本のありようや文化が、台湾の住人に日本への好意を引き出し、それが戦前の再評価にもつながっているのだ。

台湾住人の好意は、日本の保守系政治家を動かし、日台の政治家の新しいつながりも生まれている。2010年には、安倍晋三元総理が台湾訪問団の一員として台北を訪れ、李登輝とも会見している。

米中蜜月の間、米中双方に接近する台湾

2012年1月、台湾での総統選では、民進党が女性の蔡英文を擁立して馬英九に挑戦するが、敗北。馬英九の再選となる。選挙にあっては、馬英九は「統一せず、独立せず、武力行使を許さず」と語り、「台湾」という言葉をしばしば使った。

これまでの対中傾斜への批判を意識してのものであり、「天然独」の取り込みも狙っていた。一方、蔡英文はまだ「お嬢さん」と見られ、馬英九に屈した。

再選された馬英九の路線は相変わらず、敵をつくらない八方美人外交であり、対中傾斜はより深まってもいる。2012年5月、国際比較法学会の席で、**馬英九は「ドイツ統一のモデルは中台関係発展の参考になりうるだろう」とも述べている。馬英九の選択肢には、台中の統一もはいってきていたのだ。**

一方、同年にはアメリカ産牛肉の輸入を解禁している。2003年にアメリカでBSE（牛海綿状脳症）が発生してのち、台湾はアメリカ産牛肉の輸入を原則として禁止してきたが、馬英九政権にはアメリカからの強い解禁の要請があった。**馬英九は、野党の反対を押し切って、アメリカ産牛肉の輸入の解禁に踏み切っている。**

そこには、馬英九のアメリカとの緊密化の思惑もある。中国に接近している馬英九とて、中国の軍事的脅威は認識している。彼は、アメリカからの武器供与を望んでいたのだ。

台湾の軍事支出はＧＤＰの２％弱ながら、近代化を進めている中国軍の前に旧式化している。なかでも主力戦闘機を新型機に更新したかった。

ただ、アメリカは馬英九時代の台湾に武器供与をしてはいるものの、台湾の希望する新型機を供与することはなかった。アメリカは中国を刺激するのを自重すると同時に、台湾の対中接近により、最新の技術が中国に渡ることを懸念したからだ。

21世紀、東アジアの国々は、アメリカと中国の間で揺れていた。韓国では盧武鉉《ノムヒョン》政権が「東アジアのバランサー」を唱え、日本では鳩山由紀夫政権が米中の間で立ち回ろうとしたものの、いずれもコウモリのような扱いを受けていた。台湾の馬英九政権も、米中の間で微妙な立ち位置にあった。

尖閣諸島問題で日本と手打ちした馬英九政権

日台漁業取り決め

馬英九政権の八方美人的な外交は、アメリカ相手に成功しきったとはいえないが、日本相手には成功している。すでに2008年の1期目にあっては、「台日特別パートナーシップ」を唱え、日本に接近している。

ここから日本の羽田空港と台湾の台北《たいぺい》松山《しょうざん》空港の航空便も開設されている。台北松山空港は、台北市内にあるといってよく、東京都心と台北の中心間の移動時間が大幅に短縮されている。

2012年からの2期目にあっては、2013年に「日台漁業取り決め」を成立させている。「日台漁業取り決め」とは、尖閣《せんかく》諸島問題について扱ったものである。尖閣諸島に関しては、日本に領有権があるのだが、1972年の沖縄返還前後から、中国のみならず、台湾政府も領有を主張してきた。

台湾では尖閣諸島は、「釣魚台列嶼」と呼ばれる。1970年代には、台湾の国内外では尖閣諸島の保有を主張する「保釣《ほちょう》運動」も起きていた。言論弾圧、白色テロの国民党の一党独裁政府でも、保釣運動の集会やデモなら許していた。保釣運動は、愛国意識を高めるのに都合がよかったからだ。

ただ、21世紀、**中国が尖閣諸島に剝《む》きだしの野心を示してきたとき、馬英九の台湾は、中国と共同戦線を張ることはなかった。**2012年、馬英九政権は「東シナ海平和イニシアチブ」を発表し、尖閣諸島を含む東シナ海での論争を棚上げにするとしたのだ。**日本と台湾の間では、この「東シナ海平和イニシアチブ」をもとに対話と交渉が生まれた。**

日台との間で、現実的な問題になっていたのは、台湾側の尖閣諸島周辺での漁労である。安倍晋三政権下、台湾との間で交渉がまとまり、これが「日台漁業取り決め」となった。取り決めにおいては、北緯27度線以下の水域では、日本と台湾の漁船の乗り入れ操業が認められている。

「日台漁業取り決め」に関しては、台湾側の漁業者に不満もあるとはいえ、尖閣諸島問題という難問に現実的に対応したものとなっている。馬英九は現実的な政治家でもあり、日本との間でむやみな争いを好まなかったのだ。

極端な台中接近にノーを突きつけた台湾

ひまわり学生運動

2013年6月、台湾と中国との間では「中台サービス貿易協定」が締結された。それは台中のいっそうの経済交流を目指したもので、台湾、中国企業がそれぞれ互いのサービス産業の市場に参入できるとしている。

この中台サービス貿易協定は、やがて台湾内で政治問題と化していく。というのも、台湾のサービス産業が中国企業に完全に食われかねないという危機意識が、台湾内で生まれていたからだ。すでに巨大化している中国経済が、サービス業を通じて台湾内に巣くったとき、台湾の未来は危ういと感じたのである。

実際、中国人旅行客の爆買いは中国系の一部の業者を儲けさせただけで、台湾の多くの業者に直接の儲けをもたらしてはいなかった。台湾には、そうした不満があったから、サービス業関係者は不安であった。そもそも交渉が、「ブラックボックス」のなかでおこなわれていたという批判もあった。

締結後、台湾では16回の公聴会が開かれた。立法院では審議が開かれたものの、審議は難航し、2014年3月、国民党は審議を一方的に打ち切った。

これに対して、不満を訴える学生たちの一部が立法院周辺に集まりはじめ、ついには立法院の議場を占拠してしまった。彼らは馬英九総統との直接対話を求め、座り込んだ。蔡英文をはじめ民進党の議員も、彼らに味方した。学生たちが暴力をふるわなかったこともあり、台湾の住人から好意的に見られ、ひまわりの花も差し入れられていた。そこから、「ひまわり運動」の名がついた。

「ひまわり運動」は、台湾はおろか世界の耳目《じもく》を集めたから、政権も折れざるをえなかった。結局、王金平《おうきんぺい》・立法院長が、両岸協議監督条例が法制化されるまで、サ

ひまわり運動で民衆に占拠された立法院（写真：MrWiki321）

ービス貿易協定の審議をおこなわないと明言。これにより、占拠は打ち切りとなった。

「ひまわり運動」の主役となった学生たちは、いわゆる「天然独」である。「台湾はとうに独立している」と考える若者らで、彼らは中国に対する経済的な従属を望まなかったのだ。**彼らの運動もあって、天然独を中心に多くの台湾の住人は、中国に接近しすぎた馬英九の国民党から離れていく。**馬英九の支持率は、一気に10%前後に低落してしまい、馬英九の国民党は愛想を尽かされようとしていた。来《きた》る2016年の総統選にあって、国民党は政権党陥落の危機を迎えていた。

また、台湾における「ひまわり運動」は、香港では「雨傘運動」という形になって飛び火し、共産党政府を慌てさせてもいる。この一件が、2019年からの香港での騒乱の一因にもなる。

習近平・馬英九会談
歴史的な台中首脳会談が果実をもたらさなかった理由

2015年11月、歴史的な会談がシンガポールで開かれている。台湾総統・馬英九と中国の主席・習近平の会談である。台湾育ちの総統が初めて中国の最高指導者と会った瞬間だった。

習近平・馬英九対談は、翌2016年の台湾総統選を見据えてのものだった。すでに台湾内では前年の「ひまわり運動」によって、国民党は支持を失い、総統選での敗色は濃厚となっている。**馬英九は、国民党の巻き返しのためにビッグ・サプライズを必要とし、習近平との会談を求めた**のだ。習近平が馬英九の路線を強く支持するなら、国民党の失地回復はありえると踏んだのだ。

一方、習近平とて、国民党の危機を見捨てるわけにはいかなかった。馬英九と会談することが、国民党の政権維持に手を貸すことになると踏んでいたようだ。しかも、この時期、アメリカのオバマ大統領は中国に対決姿勢を隠さないようになり、米中対立がはじまろうとしていた。**習近平は、台湾をアメリカ寄りにしないためにも、台湾を引きつけ、国民党政権の維持を狙ったのだ。**

ただ、習・馬の世紀の会見は、何ももたらさなかった。国民党の支持を回復する力をもたなかった。というのも、習近平側になんの妥協もなかったからだ。習近平が即答したのは、台中のホットライン設置くらいで、あとの件では両者は平行線であった。

会談では、習近平は「ひとつの中国」にこだわり、「中華民族の偉大な復興」への協力を求めてきたようだ。いずれも、2015年、台湾内で窮地に立たされている馬英九には簡単には認められない話である。「ひとつの中国」や「中華民族」に賛同するなら、「天然独」の反発を買い、ますます国民党の勝利はありえなくなる。**習近平主席は、馬英九総統の置かれた立場を察することができず、リップサービスがなかったから、習・馬会談で馬英九は得るものがなかったのだ。**

馬英九は、習近平を見誤っていたのだ。胡錦濤に代わる習近平政権は、2013年に始動するが、実像のなかなか見えてこない指導者であった。彼は、江沢民一派と胡錦濤一派による妥協の産物であり、当初、個性に乏しい指導者と見られていたが、実際はまったく違った。彼は、イデオロギー、思想に素朴なまでに忠実な指導者であることが明らかになってきた。彼は「中華の夢」を唱え、毛沢東の崇拝者のように振る舞ってきた。それは時代錯誤的にも映ったが、じつは彼の素地であったようだ。

習近平は、毛沢東の文化大革命時代に多感な時期を生きた人物だ。父・習仲勲《しゅうちゅうくん》は建国の元勲《げんくん》でありながら、失脚の憂《う》き目に遭い、自身は田舎に下放《かほう》された。本来なら毛沢東のあり方は疑ってもいいはずなのだが、習近平はそれでも毛沢東を信じ、毛沢東の思想を拠り所として生きてきた。

彼には鄧小平のような留学体験もなく、中国しか知らないまま、成長していたのだ。蔣経国の根っこがソ連仕込みの共産思想なら、習近平の場合、その根幹には毛沢東仕込みの中華思想があったのだ。

習近平は、じつは素朴な人物であり、中華思想を疑うところがない。彼には、「偉大な中国」を、誰もが賛同するものと思っているフシがある。だから、習近平は台湾の住人を同じ中国人と見なし、台湾の者たちも「中華の夢」を無条件に受け入れ、讃《たた》えるとでも思っていたのだ。

習近平が馬英九に「中華民族の偉大な復興」を語りかけたのも、台湾のためによかれと思ってのことだろう。中華民族を重んじる習近平の権威があれば、馬英九は巻き返せるとでも思っていたようだ。

けれども、すでに台湾には「天然独」が増え、習近平の思っているような、中華思想に憧れる国ではない。習近平がこの事実に勘づきはじめたとき、彼は台湾に対して強硬姿勢を崩さなくなるのだ。

6章

中国の台湾侵攻はあるか、そのとき日米はどう動く？

2016年〜現在

蔡英文の登場

日米の支持のもと誕生した台湾初の女性総統

2016年、台湾の総統選にあって、民進党の蔡英文が国民党の朱立倫《しゅりつりん》、親民党の宋楚瑜に圧勝する。台湾初の女性総統の誕生であり、東アジアでは韓国の朴槿恵《パククネ》大統領につづく女性のトップとなった。

蔡英文は、李登輝の母校でもあるアメリカのコーネル大学、イギリスのロンドン大学を経て、台湾では国立政治大学で教鞭を執ってきた学者である。彼女は同じ学者出身である李登輝に見いだされ、李登輝のブレーンとなる。李登輝退陣ののち、彼女は民進党に入党し、キャリアを積んできた。

蔡英文の当選は、蔡英文の主張の勝利というよりも、馬英九の国民党が見切りをつけられたからだ。馬英九の対中傾斜は、台湾住人の許容の「臨界点」を超え、これが「ひまわり学生運動」となった。以後、国民党は蔡英文の勝利を阻止する手立てをもたなかったのだ。

蔡英文の総統就任を望んだのは、台湾のみではない。じつのところ、アメリカ、日本も望んでいた。というのも、この時代、アメリカ、日本による中国包囲網が形

支持者に手を振る蔡英文(2008年)／写真：MiNe(sfmine79)

成されはじめていたからだ。

強大化する中国にまず警戒感を抱いたのは、日本である。日本の安倍首相は2007年にQUAD（クワッド／日米豪印戦略対話）を構想し、中国包囲網の形成の基盤をつくっている。2012年に発足した第2次安倍政権になると、中国による台湾呑み込みを警戒するようになっていた。

一方、アメリカは、2000年代を通じて、中国と蜜月にあった。が、2010年代半ば、オバマ政権の後期から一転して、中国に対する敵視がはじまっていた。

もともとアメリカの民主党政権は中国に友好的なのだが、中国の南シナ海での野望、AIによる世界制覇の野望を見るほどに、習近平の中国に疑問をもつようになった。

オバマ大統領のアメリカは、日本が主導した中国包囲網に加わり、今度は自らが主導をはじめた。

中国包囲網を形成しつつある日米にとって、台湾は地政学的に重要であった。日本列島、沖縄、台湾と結ぶラインこそが、中国の野望を阻む防波堤にもなる。以後、アメリカ政府も台湾をおろそかに扱えなくなる。

それが、2015年の総統選出馬まえの蔡英文の訪米、訪日ともなっている。それはアメリカからすれば面接試験の側面もあったが、訪米中の蔡英文はアメリカの国防総省、国務省などの要人と会談している。訪日の折には、安倍首相とひそかに対談、安倍から習近平主席という政治家についてのレクチャーを受けたといわれる。

安倍の祖父・岸信介は、独裁者でもあった蔣介石総統と親交をもった。孫である安倍はといえば、李登輝、蔡英文という民主を奉じる政治家と友誼《ゆうぎ》を結んでいたから、日台関係の本質もずいぶん変貌していたのだ。

蔡英文が日米から支持を得つつある状況に強く反発したのは、習近平の中国である。2015年7月、中国では「国家安全法」が公布されている。

「国家安全法」では、「中国の主権と領土の保全は侵犯と分割をゆるさない。国家の主権、統一そして領土の保全は香港、マカオ同胞と台湾同胞を含む全中国人民の共同義務である」としている。習近平は、蔡英文を総統とするであろう台湾に強い警告を発していたのだ。

２０１６年に総統に就任した蔡英文は、就任演説にあって、台湾の独立には触れなかった。その一方、馬英九がからめ取られていた「九二共識」には触れずに、ぼかし、台中関係は現状維持路線にあるとした。「ひとつの中国」を認めるものではなく、習近平の不満を募らせることになっていた。

蔡英文の躓き

「民主では飯が食えない」と批判された民進党の経済政策

蔡英文の総統就任は、米中日の緊張を背景としたものだったが、現実の蔡英文政権はもっと現実的なところで躓《つまず》く。蔡英文総統は学者色が抜けきらず、政治家としてはいまだ未熟であった。**蔡英文は「脱中国」による経済成長を唱えたものの、机《き》上《じょう》の空論であり、台湾経済は失速する。**

加えて、習近平政権は、台湾への中国人観光客を減らすように指示していたから、台湾経済は勢いを失う。台湾経済の成長率は、２０１６年が２・17%、２０１７年が３・31%、２０１８年が２・79%と、かつての勢いを失う。馬英九政権の２０１

0年の経済成長率が10％超であったことを思うなら、低迷ともいえる。

2017年あたりから、蔡英文政権には逆風が吹きはじめる。国民党は「民主では飯が食えない」と唱え、蔡英文政権の「脱中国」路線を非難した。2018年12月の統一地方選挙にあっては、22の市県長のうち、民進党が獲得できたのは13から半減、6地域になっていた。一方、国民党は6地域から15地域に拡大、政権交代を予感させた。

蔡英文政権には、手詰まり感があった。2020年に予定されている総統選を考えたとき、蔡英文の民進党の勝利はありえないものになってきた。このままいくなら国民党の政権奪回はありえただろうが、やがて状況は完全に一変する。

なぜアメリカは、台湾の本格的な支援に回ったのか？

トランプの協力

2017年、アメリカではトランプ政権が始動する。当選後のトランプと初めて会った外国首脳は日本の安倍首相だが、じつのところ台湾の蔡英文総統も早くに行動していた。彼女は、トランプ当選の夜、トランプに電話して、祝賀の意を表している。

蔡英文は、アメリカ大統領と電話で話した最初の台湾総統であり、アメリカ大統領を味方につけることの重要性を理解していた。蔡英文の意図とは裏腹に、この時点では、トランプの台湾理解は浅かったようだ。トランプは台湾の事情もほとんど知らなかったし、強大化する中国についての警戒もなかった。

だが、トランプ大統領はやがて東アジアの状況を把握していく。彼は中国の強大化を世界とアメリカの危機として理解し、中国に吸収されかねない台湾の事情も知った。トランプ大統領が日本の安倍首相とともに対中包囲網を形成しようとしたとき、アメリカは台湾の重要な「事実」をあらためて知る。台湾がアメリカと同じ民主主義国であることだ。

当時、中国の習近平主席に、民主主義になんの理解もないことは明らかになっていた。中国は新疆《しんきょう》ウイグル自治区でウイグル族を弾圧し、チベットにも容赦がなかった。この中国と台湾を比べたとき、どちらを守らねばならないか、トランプ政権には明らかだった。

トランプ政権下、ペンス副大統領は、台湾を「民主主義の灯台」とも評価している。**トランプは、これまでのアメリカ大統領がなしえなかった台湾支援に回る。**

トランプ時代、台湾に関するいくつかの法が制定されている。2018年の「台湾旅行法」は、アメリカ当局者と台湾当局者の相互訪問と対話を許可したものだ。同じく2018年の**「アジア再保証推進法」**は、アジア地域の同盟及びパートナー国に対してアメリカのコミットメントが揺るぎないことをうたったものである。この法で、アメリカは台湾をインド太平洋戦略の一環に位置づけている。

2020年の**「2019年台湾同盟国際保護強化イニシアチブ法」**は、「台湾法」とも呼ばれる。台湾の世界各国との関係強化をアメリカが支援し、台湾の国際社会における孤立を防ぐものである。

トランプは台湾を支援する法整備に力を注ぐのみならず、台湾の軍事力強化にも手を差し伸べている。**トランプは、台湾への最新の武器の供与まで認めたのだ。**これまでのアメリカ大統領は、中国を刺激するのを避けるため、台湾に新型兵器の供与を避けつづけてきた。台湾の求めていた戦闘機の最新型を供与することはなかった。湾岸戦争で活躍した強力な戦車も、台湾には供与されなかった。そんななか、トランプ大統領は、台湾の求めつづけていた機体の上をいく新型戦闘機を提供することに決めたのだ。

アメリカの支援を受ける一方で、蔡英文総統は台湾軍の自前の強化にも取り組んでいる。台湾はこれまで技術立国を自任しながらも、兵器の自国開発・生産には消極的だった。戦車にしても、アメリカやイギリスの旧式戦車を改造する程度であり、潜水艦の自国開発を手掛けたことはない。その台湾が、**蔡英文政権下、兵器の生産に力を入れはじめている。**中国に呑み込まれまいとする意識の高まりの表れだろう。

逆風下の蔡英文を蘇生させた習近平の強権発動

香港騒乱

2019年6月から、香港で民主運動の一大騒乱が起きる。それは、ほかならぬ台湾の歴史を変えるほどの事件であり、きっかけは香港での逃亡犯条例改正問題である。

条例改正は、国際的な常識に沿ったものであった。ただ、この条例を盾に香港の民主運動家が政治犯として強制的に中国へと連行されるのではないかと、香港の住人は怯えた。そこから、香港の住人たちは大規模なデモ行動に出たのだが、これに対して香港の当局はデモの徹底弾圧に出たのだ。

すでに香港では、中国共産党政府による民主運動の押さえ込みに不満を溜め込んでいた。2014年には台湾の「ひまわり運動」に連動して、「雨傘運動」を起こしていた。そうした運動が大規模化したのだ。

習近平の中国共産党は香港の民主を望まず、香港の当局は民主運動家たちを手荒に扱い、弾圧した。**中国共産党の唱えていた「一国二制度」の実態が、結局、「一党独裁」にしか行き着かないことが明らかになった**のだ。

台湾の住人にとって、香港騒乱は他人事ではなかった。「一国二制度」のもと、台湾が中国に吸収されるなら、台湾の民主主義もまたいずれ香港のように弾圧されるだろう。中国が新疆ウイグル自治区にあってウイグル人のエスニック・クレンジングを進めている様子を知るほどに、「台湾人」を名乗る者もまた民族浄化の対象になりかねないと思う。**香港騒乱によって、台湾の住人にとって中国との統一はありえないものとなった**のだ。

それは、**沈没寸前であった蔡英文政権を再浮上させる追い風にもなった**。勢いを得た蔡英文総統は、「民主がないと飯が食えない」と選挙民に訴えた。

2020年1月、台湾の総統選には、国民党からは高雄市長となって名を馳せていた韓国瑜《かんこくゆ》が立候補する。韓国瑜には中国からの後押しがあったようだが、得票は552万票にとどまった。民進党の蔡英文は817万票を集めて、圧勝した。

2020年の蔡英文の勝利は、台湾の住人が習近平の中国を拒否したことの表れであった。と同時に、2010年代、「台湾人」意識が高まり、「中国人」意識が減

香港で当局と衝突するデモ隊(2019年8月)。この騒乱は台湾の政治状況を一変させた/写真:Studio Incendo

退した結果でもある。台湾の「政治大学選挙研究センター」の調査(157ページ参照)によるなら、2008年の時点で、「自分は中国人」であるという者は4・5%であった。「台湾人でもあれば中国人でもある」という者は43・1%であり、半数近くに「中国人意識」が残っていた。これが2020年の調査では、「自分は中国人」が2・4%、「台湾人でもあれば中国人でもある」が27・5%と、「中国人」意識は全体の3割程度になってしまっている。

一方で、「自分は台湾人」と考える者は、2008年に48・4%であったのに対して、2020年には67

％に増えている。台湾の「台湾人」化は確実に進み、中国に呑み込まれまいとする蔡英文政権を後押ししていたのだ。

なぜ、台湾の民主主義は「韓国化」しなかったのか？

陳水扁のその後

2020年、台湾の立法院選挙にあっては、陳水扁の立ち上げた「一辺一国党」からも候補者が立てられ、惨敗している。

汚職によって投獄されていた陳水扁だが、2013年に獄中で自殺を図ったことがある。その後、仮釈放の身となり、新党として一辺一国党を組織したのだ。一辺一国党は泡沫政党に終わり、陳水扁も過去の人となってしまうのだが、陳水扁の投獄とその後は、台湾の民主主義のありようを物語っている。台湾の民主主義は、韓国のように大統領の過去の所業を暴く復讐劇に結びつかなかったのだ。

韓国では、歴代大統領の逮捕、自殺は絶えない。全斗煥《チヨンドフアン》、盧泰愚《ノテウ》、李明博《イミヨンバク》、朴《バク》槿恵《クネ》は、大統領職を終えたのち、いずれも逮捕、投獄されている。盧武鉉《ノムヒヨン》に至っては、自殺に追い込まれている。いずれも、過去の不正、汚職を糾弾されてのもので、韓国の歴代大統領にはたびたび受難が待ち受け、政治生命を失う。

一方、台湾の場合、陳水扁こそ獄中の身となったものの、他の総統経験者はすべて過去を問われることがなかった。台湾の政治はカネで動くところがあり、選挙にはカネが要る。日本人の目から見るなら汚職のようにも見えるが、台湾では総統の過去が問われることがなかった。唯一、投獄された陳水扁でも、再起しようとしているのだから、ここに台湾の寛容な社会、民主主義がある。

台湾では、かつて外省人の政府、警察による本省人への暴力が絶えなかった。現在、台湾では多数を占める本省人が力をもつようになったが、本省人は復讐に駆られ、外省人の過去をことさら糾弾し、投獄してしまうようなことがない。台湾の住人は、過去にとらわれないのだ。

日本でも閣僚経験者がマスコミの糾弾を受けて、自殺することがあったが、台湾社会は寛容で、おおらかでもある。それは、台湾の国民性としかいいようがないようにも思える。

ミルクティー同盟
香港の惨状を目の当たりにした台湾の意識変化

世界が新型コロナウイルス禍で戸惑うなか、2020年6月、香港では香港国家安全維持法が発令される。香港では、議員になるのに愛国者審査がおこなわれるようになった。2021年6月、「蘋果日報《ひんかにっぽう》」が廃刊に追い込まれ、言論の自由が封殺され、民主香港は陥落したに等しかった。

香港の惨状を見た台湾の住人は、中国共産党との共存がいかにむずかしいかをあらためて認識した。中国との統一は、やがて民主主義の解体につながることを知ったのだ。

馬英九政権の時代、中国の胡錦濤はソフト路線で台湾を懐柔し、統一を受け入れる素地を醸成させてきた。けれども、習近平の香港に対する強硬な政策は、胡錦濤の資産を消滅させるものだったのだ。

香港陥落の過程で、台湾や香港、タイなどの若者で自然発生的に盛り上がっていたのが、「ミルクティー同盟」である。「ミルクティー同盟」とは、中国の強権的な態度、侵食を拒否し、独裁型の政権を揶揄《やゆ》し、批判していく若者たちのゆるい連帯である。

中国大陸の住人は、紅茶にミルクを入れないが、台湾、香港、タイなどの住人はミルクと砂糖たっぷりの甘いミルクティーが大好きだ。そこから反中国の象徴がミルクティーとなり、ミルクティー同盟といわれるようになったのだ。

ミルクティー同盟の若者の多くは、日本の漫画やアニメのファンである。たしかに日本の漫画、アニメには過激、残酷な描写が少なくないが、通底しているのは、平和、友愛への信念だろう。台湾の若者も、日本の漫画やアニメを通じて、平和をよいものだと見なし、それを乱そうとする中国に批判的になっていったのだ。さらにいえば、ミルクティー同盟の若者は、エネルギッシュな共産主義の中国とまったりとした民主主義の日本を比べて、どちらが好ましいかも見ている。

かつて台湾の若者は、民主主義を声高に叫んできたが、いまのミルクティー同盟の若者は叫ばない。叫ばずとも、何が好ましいかがよくわかっているのだ。

民主台湾

台湾に急接近する欧州の国々の意図とは

蔡英文政権時代の台湾は、世界的な孤立がますます深刻化してもいる。もともと、台湾と国交をもつ国は少ない。馬英九時代が始動したとき、台湾と国交をもつ国は22か国にすぎなかった。

馬英九の時代、「外交休戦」によって、胡錦濤の中国は台湾と国交のある国家を黙認してきた。けれども、習近平時代の中国は違う。習近平は、「ひとつの中国」

を認めようとしない蔡英文を「中華の敵」のように見なし、台湾との国交ある国を次々に台湾と断交させていった。

蔡英文時代、台湾と国交のある国は、2022年9月の時点でわずかに14か国になってしまっている。そのうち、国際的に影響力をもつのはバチカンくらいのものだ。そのバチカンとて、中国の前では堂々と持論を述べられないでいる。

ただ、2020年代になって、台湾と国交を結んでいない国のなかで、台湾に接近している国もある。東欧のチェコ、スロヴァキアや北欧のリトアニアなどだ。これら3か国は中国主導の「一帯一路《いったいいちろ》」の参加国であり、「17＋1」といわれる「中国中東欧国家合作」という会議の一員でもあった。3か国は中国と緊密化しようとしていたのだが、近年、あえて台湾に接近するようになっている。チェコの上院議長は、台湾を訪問しているし、3か国はともに、欧米性の新型コロナウイルスのワクチンを台湾に無償提供もしている。

これら3か国が台湾に接近しているのは、中国が旧ソ連のような全体主義国家であると知ったからだ。チェコもスロヴァキアもリトアニアも、ソ連の全体主義の恐ろしさを体験してきた。彼らは中国による香港での民主弾圧を見たことで、中国もソ連と変わらない体質であるとわかってきた。

そして、中国によって孤立化させられている台湾が、小さいながらも民主化された国であることに気がついたのだ。しかも、すぐれた技術力までも有している。

これら3か国は、台湾に自らを重ね合わせ、中国に恫喝されても、台湾に同情し、台湾をより理解しようとしはじめた。中国の横暴ぶりが世界に知られるにつれて、民主主義国家・台湾に注目が集まりはじめているのだ。

台湾のハイテク産業はなぜ、世界屈指になったのか？ TSMC

現在、台湾が世界的な孤立をなんとか免れているとしたら、それは、台湾の産業力、技術力を世界が必要としているからだろう。台湾では、とりわけハイテク産業が発達し、ＴＳＭＣはいまや世界屈指の企業となっている。

２０２２年7月の時点では、ＴＳＭＣの株式時価総額は、アリババやテンセントといった中国の大企業を抜き去り、アジア一となっている。日本のトヨタが世界では40位台であるのに対して、ＴＳＭＣはベストテンに近い地位にある。ＴＳＭＣは、アメリカのアリゾナや日本の九州にも工場を設立し、世界と深くつながろうとしている。

日本のシャープを吸収した鴻海科技集団《ホンハイかぎしゅうだん》もまた、台湾を代表する企業になっている。ほかに、ペガトロン、クアンタ・コンピュータ、コンパル・エレクトロニクスといった俊英企業もある。

台湾でハイテク産業が発達したのは、台湾政府が早くから育成をはじめていたからだ。

台湾では1970年代ころから高付加価値産業の育成がはじまり、以来、つねに政府の支援もあった。台湾では、工業技術研究院や行政院国家科学委員会がつねにハイテク企業の成長のために動いていたのだ。

このあたりが、日本と対照的である。日本政府は1990年代の日米半導体摩擦にあって、日本企業を守ることがなかった。以後、世界最強の地位にあった日本の半導体企業は意欲を失い、凋落《ちょうらく》していく。台湾の場合、政府が企業の意欲を削ぐことなく、支援をつづけてきた。それは蔣経国以来の計画主義的な経済建設を継承するものでもあったのだ。

台湾のハイテク産業は、すでに世界が注目し、必要とするところである。だから、西側諸国も簡単に台湾を中国に引き渡すわけにはいかないと考えているのだ。

台湾で少数民族が重視されるようになった理由

蔡英文総統の時代、台湾で進んでいるのは、多様化である。すでに李登輝時代に台湾の多様化ははじまっているが、21世紀になってそれがさらに進み、蔡英文はそのリーダーでもある。

蔡英文の血そのものが、台湾の多様性の表れである。彼女の父は客家の血を汲み、母はホーロー人（福佬人）系の血にあり、祖母は原住民族のパイワン族である。台湾人は、ホーロー人、客家、原住民族、外省人のかけあわせといえるが、蔡英文はその典型なのである。

現在、台湾で進んでいるのが、**少数民族、つまりは原住民族の重視**である。台湾では長く先住民は差別され、もともとの名を失いもした。日本統治時代は、日本式の名をつけられ、1945年以降、国民党の統治がはじまると、漢族式の名が強制されてきた。たとえば、第2次世界大戦ののちも、日本の元高砂義勇兵《たかさごぎゆうへい》としてモロタイ島に長く潜伏していたことで知られる「中村輝夫」の場合、彼の出自はアミ族であり、アミ族での名は「スニヨン」だった。

1975年、彼が国民党時代の台湾に帰国したとき、「李光輝」という名を付けられていた。この時代、原住民族は漢族と同化するよう強いられていた。

これが、李登輝の時代になってのち、原住民族が初めて尊重され、漢族式の名でなくてもよいとされるようになった。現在は、原住民族語の名を漢字のみならず、英字で表してもかまわなくなっている。

2016年、**蔡英文の総統就任演説にあっては、これまでの原住民族に対する不当な扱いを謝罪している**。彼女は、「台湾という島にやってきた順番」を重視した。そして、先住民の歴史観の再構築や段階的な自治、言語文化の復元の推進などを目指すとしている。

台湾内で原住民族が尊重されるようになったのは、「台湾人」意識の深化もあるだろう。台湾人を意識するほどに、これまで差別されてきた先住民に光を当てねばならないという意識も生まれてきたのだ。

もちろん、先住民の尊重は多様な台湾のひとつの表れでしかない。2018年、台湾では「国家言語発展法」が制定され、国家言語のありようが変わっている。それまで台湾では北京語に近い中国語が国家言語になっていたが、土着の台湾語、客家語、先住民の諸言語も平等に扱われることになったのだ。

台湾のあり方は、中国大陸と逆方向にある。現在、中国共産党政府は、南モンゴルや新疆ウイグル自治区、チベットなどで住人の漢族化を強いている。彼らの言語、文化を消し去り、漢族化を拒む者には暴力的な弾圧をおこなっている。

台湾は中国とはまったくべつの多様性ある社会をつくろうとしていて、それは台湾を国際社会に受け入れさせる資産にもなるだろう。

〝台湾有事〟に日米はどう対処するのか？

ペロシ訪台

2022年8月、アメリカのペロシ下院議長は台湾を訪問、蔡英文総統と会見している。アメリカの台湾重視の意志表示でもある。これに猛反発したのが、習近平率いる中国共産党政権だ。中国軍は台湾沖各所にミサイルを撃ち込む射撃演習をおこない、台湾を強く威嚇した。

すでに2019年、習近平は台湾統一に向けた演説をおこない、そのなかで「武力の使

訪台を果たしたペロシ米下院議長

用を放棄しない」としている。アメリカの研究機関や軍人たちも、中国軍による台湾侵攻が近いのではないかと警告を発している。

現在、**台湾を取り巻く状況は厳しい。それは、台湾が米中対決の最前線になってしまっているからだ。**2010年代半ばからアメリカと中国の対立は、民主主義対全体主義、拡張主義の対立にもなっている。台湾と中国との歴史的な経緯、台湾の地政学的な地位から、台湾は民主主義の最前線に立たされてしまったのだ。

そこに、2022年2月からのロシア軍によるウクライナ侵攻である。それは民主主義陣営が擁護するウクライナと、侵略主義のロシアとの対立構図となる。ウクライナ問題が世界で注目されるにしたがい、台湾問題も注目されるようになったのだ。

こうして台湾問題が世界で注目されるほど、習近平の中国も引くに引けなくなっている。そこに、習近平の事情も加わる。独裁にはしる習近平は、2022年以降も国家主席であろうとしている。そのためには、実績も欲しい。

習近平の3期目の終わりは、2027年である。となると、**習近平は2027年までに実績をつくらねばならず、それが台湾接収の動機になりうる**のだ。

一方、蔡英文の台湾も、中国軍の侵攻に備えようとしている。台湾は日本とアメリカとの連携を重視し、日本、アメリカも台湾防衛に連携をとるのではないかといわれる。

2020年、李登輝・元総統の死去にあっては、安倍首相の名代《みようだい》のように、森喜朗元首相がいち早く弔問《ちようもん》に向かっている。これまた、日本の台湾重視の表れだろう。

2021年、台湾のシンクタンク主宰のフォーラムで、安倍元首相はオンラインで演説している。その内容は中国の自制を求めたものであり、「台湾有事は日本有事すなわち日米同盟の有事でもある。この認識を、北京の人々は、とりわけ習近平主席は断じて見誤るべきではない」としている。習近平の中国は、これに激怒しているが、台湾の住人は、安倍元首相の発言力の強い日本に頼れる味方を見た。中国による台湾侵攻の「Xデー」が迫ったなら、安倍元首相あるかぎり、日本は日米同盟を強く発動させ、できるだけ支援したとも予測できた。アメリカも、日米同盟を活用し、空母やミサイル、ステルス戦闘機を移動し、日本を台湾防衛の最前線拠点としただろう。それは、習近平に自重を迫るものになった可能性もある。

2022年7月、安倍元首相が凶弾に倒れ、世を去ったとき、もっとも落胆したのは、じつは台湾の住人であったといわれる。台湾の住人は、台湾の最大級の理解者を失ったことを嘆き、安倍元首相に代わる親台湾政治家を欲した。それが、中国の抗議を押し切っての頼清徳《らいせいとく》・副総統の日本弔問にもなっている。

だが、安倍の重しがとれた岸田文雄首相の台湾理解がどれだけのものか。むしろ、中国の意志を酌もうとしている。日本の多くの政治家には、中国の大きさに眩惑《げんわく》され、小さな台湾が見えなくなる傾向がある。

台湾が小さく見えてしまうかぎり、台湾の地政学的な地位、民主台湾の重要性を深く理解できない。岸田首相もまた、そうではないか。先のペロシ下院議長は台湾を訪問したあとに日本を訪れているが、岸田首相は中国に対する共同声明を打ち出そうともしていない。岸田政権の日本は、「台湾切り」の選択肢も見ようとしているのではないか。

現在、台湾をどうするかは、台湾の住人のみの問題ではなく、日本人の問題にもなっている。日本人が、台湾をどれだけ理解し、また理解しようとしているかが台湾の命運を左右もする。ゆえに、台湾の現代史を知り、日本のためにも台湾をどうするかを考える必要があるのだ。

◉以下の文献等を参考にさせていただきました――

『台湾』伊藤潔／『台湾の歴史と文化』大東和重（以上、中央公論新社）／『台湾史小事典 第三版』監修・呉密察、編者・遠流台湾館（中国書店）／『詳説 台湾の歴史 台湾高校教科書』三民書局股份有限公司（雄山閣）／『岡田英弘著作集Ⅵ 東アジア史の実像』岡田英弘（藤原書店）／『蔣経国伝』江南（同成社）／『蔣経国 中国革命の悲劇』丁依（批評社）／『李登輝秘録』河崎眞澄／『鄧小平秘録（上）（下）』伊藤正（以上、産経新聞出版）／『日台関係研究会叢書3 民進党三十年と蔡英文政権』浅野和生編著／『日台関係研究会叢書6 台湾の民主化と政権交代』浅野和生編著（以上、展転社）／『街道をゆく40 台湾紀行』司馬遼太郎（朝日新聞出版）／『台湾VS中国 東アジアの危機と転機』呂秀蓮（創藝社）／『知っていそうで知らない台湾』杉江弘充（平凡社）／『台湾物語』新井一二三（筑摩書房）／『台湾VS中国 謀略の100年史』近藤大介（ビジネス社）／『理想はいつだって煌めいて、敗北はどこか懐かしい』史明（講談社）／『毛沢東 五つの戦争』鳥居民（草思社）／『台湾を知るための72章〔第2版〕』赤松美和子・若松大祐（明石書店）／『宋家王朝（上）（下）』スターリング・シーグレーブ／『現代アジアの肖像5 蔣経国と李登輝』若林正丈（以上、岩波書店）／『蔣介石神話の嘘』黄文雄（明成社）

KAWADE
夢文庫

日本人のための台湾現代史

二〇二二年一〇月三〇日　初版発行

著者……国際時事アナリスツ[編]
企画・編集……夢の設計社
東京都新宿区山吹町二六一〒162-0801
☎〇三―三二六七―七八五一（編集）
発行者……小野寺優
発行所……河出書房新社
東京都渋谷区千駄ヶ谷二―三二―二〒151-0051
☎〇三―三四〇四―一二〇一（営業）
https://www.kawade.co.jp/
装幀……こやまたかこ
印刷・製本……中央精版印刷株式会社
DTP……イールプランニング
Printed in Japan ISBN978-4-309-48593-5